SEGEN WIRD KOMMEN

KONRAD BLASER

Die Deutsche Nationalbibliothek verzeichnet diese Publikation in der Deutschen Nationalbibliografie; detaillierte bibliografische Daten sind im Internet über http://dnb.dnb.de abrufbar.

Bibelzitate, sofern nicht anders angegeben, wurden der Neuen Genfer Übersetzung entnommen. Neue Genfer Übersetzung – Neues Testament und Psalmen, Copyright © 2011 Genfer Bibelgesellschaft. Alle Rechte vorbehalten. Alle Bibelübersetzungen wurden mit freundlicher Genehmigung der Verlage verwendet. Hervorhebungen einzelner Wörter oder Passagen innerhalb von Bibelzitaten wurden vom Autor vorgenommen.

EÜ Einheitsübersetzung, © 1980 Kath. Bibelanstalt GmbH, Stuttgart.

GNB Gute Nachricht Bibel, © 2000 Deutsche Bibelgesellschaft Stuttgart.

HFA Hoffnung für alle, © by Biblica, Inc.®, hrsg. von Fontis.

LUT Lutherbibel, revidiert 2017, © 2016 Deutsche Bibelgesellschaft Stuttgart.

NLB Neues Leben Bibel, © 2017 SCM R.Brockhaus, Witten.

SLT Bibeltext der Schlachter Übersetzung, © 2000 Genfer Bibelgesellschaft.

Gestaltung und Satz: HOPE & LIFE CHURCH, www.hopeandlife.church
Lektorat: Thilo Niepel
Druck: Westermann Druck Zwickau GmbH
Printed in Germany

2. Auflage 2021

Paperback: ISBN 978-3-95933-156-2, Bestellnummer 372156
E-Book: ISBN 978-3-95933-157-9, Bestellnummer 372157

www.gracetoday.de

INHALT

VORWORT

Das Wort ›Segen‹ kommt ursprünglich vom lateinischen Wort ›Signum‹, was so viel bedeutet wie: Zeichen, Abzeichen oder Kennzeichen. Segen bezeichnet in vielen Religionen ein Gebet oder ein Ritual, wodurch Personen oder Sachen Anteil an göttlicher Kraft oder Gnade bekommen.

Man spricht von Segen, wenn es das Leben, Gott oder die Umstände gut mit einem meinen oder wenn Personen Glück und Wohlstand erleben. Man braucht Segenswünsche, um andere zu ermutigen, mehr von ihrem Leben und Gott zu erwarten. Segen steht auch für Bewahrung, Schutz und Zusicherung der Güte und Gunst Gottes. Im weiteren Sinne kann das Wort Segen auch verwendet werden, um Freude über ein Geschenk oder eine Situation zu beschreiben. Zum Beispiel: »Dieses Kind ist ein wahrer Segen für uns.« Oder es kann auch die Fülle ausdrücken, mit der uns Gott beschenkt, dies kann eine gute und reichhaltige Ernte sein, Wohlstand, Geldsegen, Reichtum, viele Freundschaften, Einfluss oder all die Segenskreise, die wir mit unserem Leben ziehen.

Ich bin überzeugt, jeder sehnt sich nach Segen. Nach mehr in seinem Leben. Nach inspirierenden Freundschaften, tiefgründigen Beziehungen, erfüllenden Momenten, Reichtum in Form von Geld, Möglichkeiten, Wissen, Autorität und materiellem Besitz. Jeder möchte außerdem positive Spuren mit seinem Leben hinterlassen.

In der Bibel lesen wir, dass Gott die Menschen gesegnet hat, die ihn suchten, ehrten, ihn an die erste Stelle setzten und ihr Bestes gaben, nach seinem Willen zu leben. Er hat sie mit Einfluss, Reichtum, Weisheit, Autorität, Beziehungen und mit großen Ernten gesegnet. Gott möchte den Menschen durch seinen Segen seine Größe, Macht und Liebe offenbaren und sich so der ganzen Welt zeigen.

Segen ist etwas, das wir uns nicht erkaufen oder verdienen können. Segen ist ein Geschenk Gottes. Und Gott hat für jeden, der ihn sucht, anbetet und hochschätzt, ein für ihn bestimmtes Maß an Segen bereit. Auch für dich. Auf dich wartet Segen, der durch deinen Glauben in und über deinem Leben, deiner Familie, deinen Beziehungen, deiner Arbeit und deiner Zukunft freigesetzt werden kann. Gott hält noch viele Träume bereit, die er mit dir zusammen entdecken und freisetzen möchte. Neue Abenteuer warten auf dich. Gottes Segen wird kommen, Gottes Segen wartet auf dich. Ich wünsche dir und bete für dich, dass dir dieses Buch helfen wird, Gottes Segen zu empfangen. Gott ist da, Gott ist für dich. Und mehr wartet auf dich.

Ich wünsche dir zahlreiche Aha-Momente, viel Spaß und Gottes befreiende Kraft beim Lesen.

Von Herzen

Konrad Blaser

PART 1

REGEN

»Jeder Mensch geht durch Dürreperioden. Trockene Zeiten. Zeiten, in denen einfach nichts passiert. Wir haben große Träume. Wir halten an Gottes Versprechen fest, aber wir sehen einfach keine Veränderung. Es ist trocken und kahl in unserem Leben. Doch diese Dürre wird zu einem Ende kommen. Die Trockenheit, die Einsamkeit, die Leere werden vorübergehen. Wenn du am Glauben festhältst, wird Gott Vertrauen, Heilung und Wiederherstellung regnen lassen. Es wird nicht ein Nieseln sein, auch nicht ein Sprenkeln, sondern eine Flut, ein Überfluss an Regen!«

Joel Osteen

Lakewood Church (USA)

Segen wird kommen

Gott hat dich nicht vergessen, auch wenn du dich so fühlst. Gott sieht dich, Gott hat immer dein Bestes im Sinn und hält noch so viel Gutes für dich in deiner Zukunft bereit. Neue Abenteuer, die gelebt werden wollen. Segen, der entdeckt werden will. Gottes Gunst, die dich überraschen will. Trockenes Land wird gewässert und tote Bereiche in dir leben langsam wieder auf. Gottes Segen wartet auf dich!

Seit mehr als zwanzig Jahren baue ich nun Kirche und durfte schon so viele Abenteuer mit Gott und seinem grenzenlosen Segen erleben. Ich durfte erleben, wie ich mich von einem unsicheren jungen Mann zu einem Leiter, Vater und einer selbstbewussten Person entwickelt habe. Ich durfte erleben, wie Gott an meinem Charakter, an meinem Glauben, an meinen Talenten und an meinem Vertrauen gearbeitet hat und immer noch arbeitet. Ich durfte Jahr für Jahr erleben, wie Gott mich Schritt für Schritt näher an sein Herz führte und ich mich immer mehr zu dem Menschen entwickeln konnte, den er von Anfang an mit mir geplant hatte.

Die Grundlage für all das war und ist die Überzeugung, dass Gott uns segnen will. Dass Gott immer unser Bestes im Sinn hat. Dass Gott uns nie vergisst. Dass unsere Fehler für Gott kein Problem sind, weil wir seine Gnade auf unserer Seite haben und er mit dieser an uns arbeitet.

Du liest gerade mein zehntes Buch und das allein ist schon ein riesiges Wunder. Ehrlich gesagt hatte ich nie vor, Bücher zu schreiben. Wenn wir schon dabei sind: Ich hatte auch nie vor, Prediger zu werden. Als Jugendlicher sah ich mich in der Zukunft eher als einsamen Reisenden, der um die Welt fliegt. Oder als Künstler, der zurückgezogen in einer Alphütte mit einem Glas Wein in der Hand kuriose Bilder malt.

Gott sei Dank kam alles anders. Ich hätte mir nicht in meinen kühnsten Träumen vorstellen können, zu was Gott fähig ist und was er mit Menschen bewegen kann, die ihm ihr Vertrauen schenken. Ich dachte, dass ich mit meinem Minderwertigkeitsgefühl, meiner Schüchternheit, meiner Schreibschwäche und meiner Menschenfurcht mich eher in mein Schneckenhaus zurückziehen und ein langweiliges Leben führen würde. Doch Gott hatte andere Pläne.

So auch mit dir!
Neues wird kommen.
Neues wird entstehen.

> Trockene Bereiche in deinem Leben bekommen wieder Wasser und beginnen wieder aufzuleben.

Ich wünsche dir von ganzem Herzen, dass auch du durch dieses Buch erleben kannst, wie der Segen Gottes dein ganzes Leben ergreift und dich an Orte führt, die du dir nie hättest vorstellen können.

Jesaja, ein Prophet aus dem Alten Testament, beschreibt so schön, was Menschen erwartet, die an ihrem Glauben an Gott festhalten.

> **»Ich schaffe jetzt etwas NEUES! Es kündigt sich schon an, merkt ihr das nicht? Ich werde eine Straße durch die Wüste legen und lasse dort Ströme fließen, damit mein erwähltes Volk unterwegs zu trinken hat. Die Tiere der Steppe werden mich ehren, Schakale und Strauße mich preisen, weil ich Wasser durch das ausgedörrte Land fließen lasse.«**
> *Jesaja 43,19–20 GNB*

Es ist Zeit, dass wir wieder aufstehen und zu glauben beginnen, dass Gott mehr in und mit unserem Leben tun möchte. Es ist Zeit, dass wir wieder mehr erwarten. Es ist Zeit, dass wir uns nach seinem Segen, seiner Kraft der Veränderung, seiner Gunst und seiner Güte ausstrecken. Es ist Zeit, dass wir uns nicht mehr mit der Mittelmäßigkeit in unserem Leben abfinden.

Segen wartet auf uns.

Es könnte sein, dass Gott deine Ehe verbessern will, dir eine Heilung schenken möchte, dir einen persönlichen Durchbruch ermöglichen oder dich finanziell segnen möchte. Aber er kann es nicht tun, wenn wir ihm keinen Glauben schenken. Leider verpassen viele Leute so manches Wunder, nur weil sie ihren Glauben verloren haben. Sie haben den Zweifeln mehr Raum gegeben als den Zusagen und Verheißungen, die Gott in ihr Leben hineinspricht. Lass nicht zu, dass der kleine Samen seines Segens, den Gott in dich hineingesät hat, stirbt, weil Zweifel, Ängste, Unglaube, Passivität, negatives Denken und entmutigende Worte mehr Raum in dir bekommen haben. Auch wenn du dich müde, niedergeschlagen und hoffnungslos fühlst, lass dir von niemandem sagen – weder von deinen Mitmenschen noch von Stimmen in dir –, dass Gott dich vergessen habe. Gott hält mehr für dich bereit. Segen wird kommen.

Mach dich bereit für das Gute, das in der Zukunft auf dich wartet. Mach dich bereit für den Segen Gottes. Mach dich bereit für Heilung in deinem Leben. Mach dich bereit für überfließenden Segen. Denn es ist unsere Bestimmung, dass wir gesegnet werden. Gott kann gar nicht anders, als uns als seine Kinder zu segnen und immer wieder unser Bestes zu suchen.

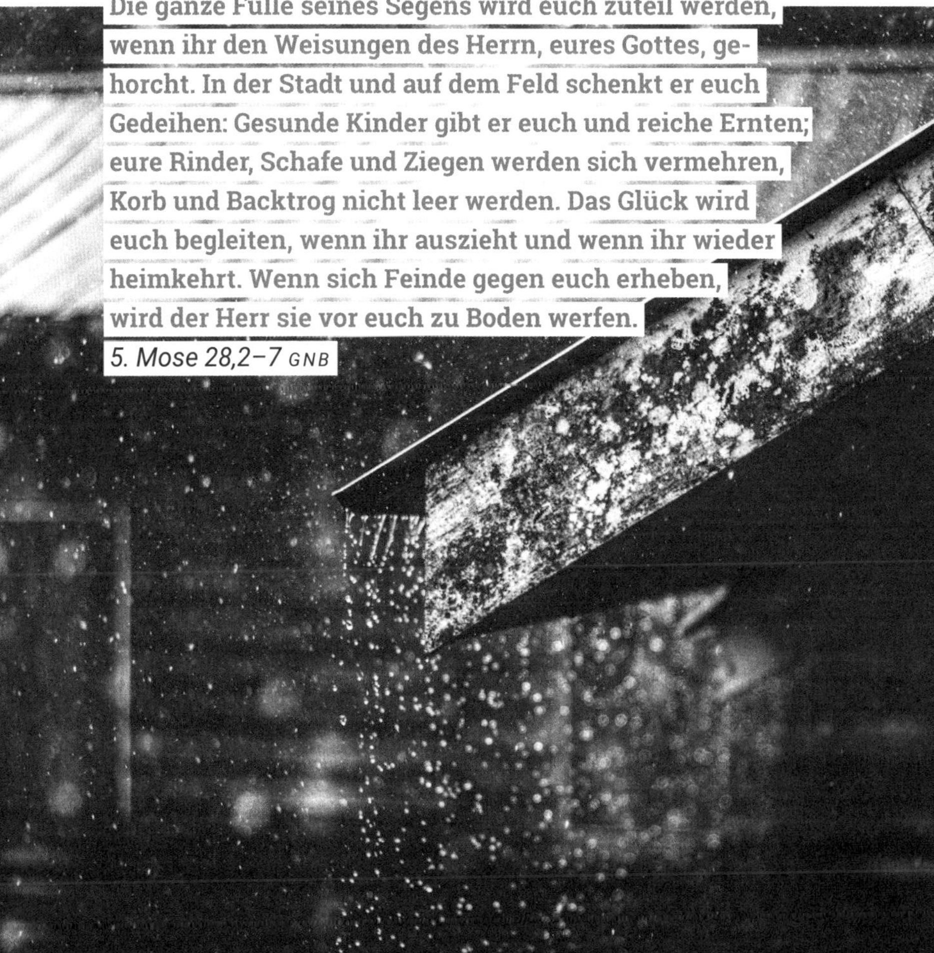

Die ganze Fülle seines Segens wird euch zuteil werden, wenn ihr den Weisungen des Herrn, eures Gottes, gehorcht. In der Stadt und auf dem Feld schenkt er euch Gedeihen: Gesunde Kinder gibt er euch und reiche Ernten; eure Rinder, Schafe und Ziegen werden sich vermehren, Korb und Backtrog nicht leer werden. Das Glück wird euch begleiten, wenn ihr auszieht und wenn ihr wieder heimkehrt. Wenn sich Feinde gegen euch erheben, wird der Herr sie vor euch zu Boden werfen.

5. Mose 28,2–7 GNB

Regen wird kommen!

Diese Dürrezeit in deinem Leben ist nur vorübergehend. Die trockene Zeit in deinem Alltag bleibt nicht für immer. Warum? Gottes Regen, sein Segen, wird kommen. Diese Sucht wird dich nicht dein Leben lang begleiten. Der Regen wird kommen. Sich durchs Leben kämpfen zu müssen, ist nicht dein Schicksal. Es ist vorübergehend. Regen zieht in deine Richtung. Gottes Segen ist unterwegs zu dir.

Wir alle erleben Zeiten, in denen wir stehenbleiben. Zeiten, in denen wir auf Heilung warten. Zeiten, in denen Gebete unbeantwortet bleiben. Zeiten der Dürre. Zeiten der Leere. Zeiten der Hoffnungslosigkeit. Gerade dann ist es wichtig, dass wir unseren Glauben an einen Gott, der Wunder tut, nicht aufgeben. Früher oder später wird der Regen, Gottes Segen, in unser Leben kommen und uns weitertragen, heilen und neues Leben schenken.

Dies erlebte auch ein Prophet aus der Bibel – Elija. Er lebte zu einer Zeit, als es seit mehr als zwei Jahren nicht mehr geregnet hatte. Keinen einzigen Tropfen Regen. Dürre und Hoffnungslosigkeit prägten das Land. Doch dann forderte Gott Elija auf, für Regen zu beten. Elija gehorchte und begann enthusiastisch für Regen zu beten. Doch bevor er zum Himmel schrie, ging er zum König und richtete diesem aus, er höre den Regen schon rauschen. Ein unglaubliches Glaubensstatement. Elija hörte den Regen, obwohl noch überhaupt keiner fiel. Er sah den Regen vor seinem inneren Auge schon kommen. Er sah das Wunder bereits im Voraus. Er schenkte den Worten Gottes

Glauben, obwohl ihn Dürre, Tod und Hoffnungslosigkeit umgaben.

Was sehen wir vor unserem inneren Auge, wenn wir unser Leben anschauen?

Sehen wir den Segen? Hören wir das Rauschen des Segens? Erwarten wir das Wunder – oder haben wir aufgegeben?

Passend dazu eine Geschichte von einem Mann, der mit seiner Frau im Urlaub war. Er war gesegnet und lebte ein gutes Leben. Doch statt sich in seinem Leben und seiner Ehe weiterzuentwickeln, blieb er stehen und drehte sich im Kreis. Arbeiten, Wochenende, Arbeiten, ab und zu Urlaub, wieder Arbeiten … Nichts Neues schien in seinem Leben zu geschehen.
Doch dann, in jenem Urlaub, sah er ein wunderschönes Haus. Das Anwesen bot einen malerischen und friedlichen Anblick. Während der Mann dieses Haus anschaute, sagte er zu seiner Frau: »Ich kann mir nicht vorstellen, dass ich jemals in einem solchen Haus leben werde!« Im selben Augenblick hörte er eine innere Stimme, die zu ihm sagte: »Mach dir keine Sorgen, das wird auch nie geschehen. Du wirst niemals in einem solch tollen Haus leben.« Überrascht von seinen eigenen Gedanken, fragte der Mann zurück: »Was soll das heißen?« Die innere Stimme antwortete: »Solange du es dir nicht vorstellen kannst, solange du nicht davon träumst, wird es auch nicht geschehen.«

Wo limitierst du dich selbst? Wo setzt du Gott und seinen Möglichkeiten durch deine Vorstellungen noch Grenzen? Sprenge sie! Erweitere sie! Gott sagt gerade heute zu dir:

»Ich bin auf deiner Seite. Du kannst gar nicht verlieren.
Ich kann dir Türen öffnen, die kein Mensch schließen kann.

Ich sorge dafür, dass du zur richtigen Zeit am richtigen Ort bist. Ich werde übernatürlich in dein Leben eingreifen und dich mit einem Wunder nach dem anderen überraschen. Glaubst du das?«

Glaube daran, dass Gott rein gar nichts unmöglich ist. Gott kann und will in deinem Leben Wunder tun. Zertritt nicht die Saat, die er schon in dein Leben ausgesät hat, indem du ihn durch dein Denken limitierst.

Aber schauen wir doch in die Bibel, wie sich die Geschichte von Elija weiterentwickelte:

> **Dann sagte Elija zu Ahab** [dem König]: **»Geh in dein Zelt, iss und trink; denn ich höre schon den Regen rauschen.« Während Ahab wegging, stieg Elija auf den Gipfel des Karmelgebirges, kauerte sich auf den Boden und verbarg sein Gesicht zwischen den Knien. Er befahl seinem Diener: »Geh dort hinüber und halte Ausschau zum Meer hin!« Der Diener ging, dann kam er zurück und meldete: »Es ist nichts zu sehen.« Elija sagte: »Geh noch einmal!« Der Diener ging und kam wieder; siebenmal schickte ihn Elija. Beim siebten Mal meldete er: »Ich sehe eine kleine Wolke am Horizont, sie ist etwa so groß wie die Faust eines Mannes.« Da befahl ihm Elija: »Geh zu Ahab und sag ihm, er soll sofort anspannen lassen und losfahren, damit er nicht vom Regen überrascht wird!« Ahab stieg auf seinen Wagen und fuhr los nach Jesreel. Da verfinsterte sich auch schon der Himmel, der Wind trieb schwarze Wolken heran und ein heftiger Regen ging nieder.**
> *1. Könige 18,41–45* GNB

Spannend an dieser Geschichte ist Elijas Glaube. Elija schickte seinen Diener wieder und wieder. Das Rauschen in seinen Ohren, das innere Bild der Zusage Gottes, trieb ihn an, dranzubleiben. Sein inneres Bild von dem, was Gott tun würde, motivierte ihn, nicht aufzugeben. Ganze sieben Mal musste sein Diener über den Hügel, um nach einer Wolke Ausschau zu halten. Dies sagt uns, dass der Regen kommen wird, wenn wir dranbleiben. Das Wunder ist schon auf dem Weg zu uns. Und dann lesen wir, wie ein heftiger Regen kam. Nicht ein Nieseln, auch nicht ein Sprenkeln, sondern eine Flut, ein Überfluss von Regen.

So wird es auch bei uns sein. Der Segen Gottes wird kommen. Heilung ist auf dem Weg zu uns. Der Durchbruch wartet auf uns.

An dieser Wahrheit festzuhalten, lehrt Gott mich immer wieder. Ein Beispiel möchte ich mit dir teilen. Es war im Jahr 2015. Als Leitungsteam unserer Kirche entschieden wir uns, viel Geld, viele Ressourcen und viel Zeit in eine befreundete Kirche in Albanien zu investieren. Wir stellten unserer Kirche das Projekt vor. Der Plan war, mit einer Gruppe dorthin zu reisen, ein paar Celebrations (Gottesdienste) abzuhalten und innerhalb einer Woche die Räumlichkeiten der albanischen Kirche umzubauen. Die Leute unserer Kirche liebten dieses Projekt. Über sechzig Personen meldeten sich für dieses Camp an, die Spenden für den Umbau flossen und wir waren so was von bereit, den Menschen in Albanien zu helfen. Ich erinnere mich noch gut an die Reise dorthin. Wir waren mit Bus und Fähre unterwegs. Fun, Roadtripgefühle, wir kamen uns vor wie Rockstars on the Road. Wir übernachteten auf dem Boden der Fähre und fühlten uns wie Auserwählte auf einer wichtigen Mission. Wir erlebten ein Wunder nach dem anderen. Menschen kamen zum Glauben, wir hatten eine unglaublich tolle Gemeinschaft, lachten viel, tranken viel Kaffee, bauten zusammen die Räumlichkeiten um und gewannen viele neue Freunde.

Wieder zu Hause erlebte ich eine böse Überraschung, als ich am Ende des Monats unsere Spendenzahlen sah: Sie gingen zurück. Ich dachte: »Das ist nicht fair. Wir haben als Kirche so viel in Albanien investiert. Warum gehen jetzt die Einnahmen zurück? Gott! Was soll das?« Und dieser finanzielle Engpass endete nicht nach einem Monat. Es sah sogar noch schlimmer aus. Aus unerklärlichen Gründen verringerten sich unsere Einnahmen und wenn Gott nicht schnell ein Wunder tun würde, dann würden wir im August die Löhne nicht mehr bezahlen

Der Segen Gottes
wird kommen.
Heilung ist auf
dem Weg zu uns.
Der Durchbruch
wartet auf uns.

können. Im Sommerurlaub spielte ich in meinem Kopf ein Szenario nach dem anderen durch. Ehrlich gesagt, es waren nicht so erholsame Ferien. Fragen über Fragen machten sich in meinen Gedanken breit. »Müssen wir Leute entlassen? Löhne kürzen? Warum kommt der Segen Gottes nicht, nachdem wir so viel von unseren Ressourcen in Albanien gesät haben? Wie lösen wir dieses Problem? Wie sage ich dies unseren Angestellten?« Doch parallel zu diesen sorgenvollen Gedanken war da wie eine Stimme, die mir sagte: »Könu, ihr habt als Kirche in Albanien gesät. Ihr wart mir gehorsam und habt getan, was ich von euch als Kirche verlangt habe. Der Samen ist gesät. Der Regen wird kommen! Vertrau mir!«

Und so war es! Genau im August, als wir all unsere Reserven aufgebraucht hatten, erholten sich unsere Spendeneinnahmen und stiegen wieder. Wir konnten allen Verpflichtungen nachkommen, und was rückblickend noch unglaublicher ist: Seit jenem Sommer gehen die Spendeneinnahmen stetig nach oben. Seither erlebten wir nie wieder eine solche Situation. Wenn ich zurückschaue, ist es, als hätte Gott unseren Glauben getestet, und als er sah, dass wir als Kirche an ihm und seinen Zusagen festhielten, öffnete dies die Segensschleusen des Himmels, die sich bis heute nie mehr schlossen.

So ist unser Gott. Wenn du an ihm festhältst und deinen Glauben nicht loslässt, wird er auch in deinem Leben die Schleusen des Himmels öffnen und dich mit einer Flut seines Segens überraschen. Einer Flut, die nicht mehr zu stoppen ist.

Warum? Weil du den Test des Glaubens in dieser Situation bestanden hast. Darum, bleib dran, wie Elija, gib den Glauben und die Hoffnung auf ein Wunder, eine Veränderung, eine Heilung und Gottes Segen nicht auf. Denn jede Dürre ist nur vorübergehend, diese trockene Zeit in deinem Leben bleibt nicht für immer. Der Regen wird kommen. Diese Herausforderung in deinem Leben, in deiner Ehe, in deinem Alltag wird dich nicht ein Leben lang begleiten. Der Regen wird kommen. Sich durchs Leben kämpfen, sich nach Heilung sehnen, ist nicht dein Schicksal, es ist nur vorübergehend. Der Regen wird kommen! Wie bei Elija wird Gott sein Versprechen, das er dir gegeben hat, erfüllen.

Gehen wir nochmals zu Elija. Wir lesen im Neuen Testament Folgendes über ihn:

> **Elija war ein Mensch wie wir ...** *Jakobus 5,17 EÜ*

Elija war kein Superheld. Er war ein normaler Mensch. Ein Mensch mit Ängsten, Zweifeln und Nöten. Ein Mensch wie du und ich. Ein Mensch, der Gott vertraute, der auf das Rauschen in seinen Ohren hörte und der an Gottes Zusage festhielt, auch wenn noch nichts zu sehen war.

Wenn wir Gott vertrauen, auf ihn hören, ihn suchen und anbeten und uns an ihm festhalten, werden auch wir erleben, wie der Regen in unser Leben kommt. Zuerst sehen wir nichts. Dann, irgendwann, wird eine kleine Wolke sichtbar. Weit weg am Horizont, so groß wie eine Faust. Doch dann wird sie größer und größer. Aus ihr rinnt ein Tropfen, ein zweiter, ein dritter, bis es plötzlich in einer gewaltigen Regenfront endet. Warum? Weil wir an den Versprechen Gottes festgehalten haben.

Regen wird kommen!

Was ist denn der Glaube? Er ist ein Rechnen mit der Erfüllung dessen, worauf man hofft, ein Überzeugtsein von der Wirklichkeit unsichtbarer Dinge. *Hebräer 11,1*

Joseph Reece / Unsplash

Was siehst du vor deinem inneren Auge?

Was du vor deinem inneren Auge siehst, die Bilder, die du dir machst, beeinflussen dich. Wir werden in unserem Leben das erreichen, was wir in unseren Gedanken erwartet haben.

Gehst du immer vom Schlechten aus, wird dein Leben von Niederlagen und Versagen geprägt sein. Siehst du jedoch Bilder des Sieges, des Durchbruchs und der Wunder vor deinem inneren Auge und glaubst du daran, dass für Gott nichts unmöglich ist, dann wirst du auch genau das erleben.

Deshalb male dir ein Bild von deinem Leben, das durch die Sicht Gottes gefärbt ist.

Kürzlich las ich die Geschichte von Tara Holland. Tara träumte, seit sie ein kleines Mädchen war, davon, eines Tages ›Miss America‹ zu werden. 1994 nahm sie am ›Miss Florida‹-Wettbewerb teil und wurde Zweite. Sie beschloss, es im nächsten Jahr nochmals zu versuchen und wurde wieder Zweite. Sie war kurz davor, den Mut zu verlieren und aufzugeben, doch sie tat es nicht. Sie hielt an ihrem Ziel fest. Statt die Flinte ins Korn zu werfen, beschloss sie, dass sie ihr Umfeld verändern müsse, und zog nach Kansas. 1997 gewann sie den ›Miss Kansas‹-Titel. Und noch im selben Jahr wurde sie zur

›Miss America‹ gekrönt. Tara Holland erlebte, dass ihr Traum Wirklichkeit wurde.

Nach dem Wettbewerb wurde sie in einem Interview nach dem Geheimnis ihres Erfolges gefragt. Sie gab zu, dass sie kurz davor gewesen war, aufzugeben. Doch stattdessen hatte sie die Initiative ergriffen und sich Dutzende von Videoaufzeichnungen verschiedenster Wettbewerbe angeschaut. Sie hatte sie studiert und analysiert, immer und immer wieder. Jedes Mal, wenn sie zusah, wie eine junge Frau zur Siegerin gekrönt wurde, sah sie sich selbst in dieser Situation. Sie stellte sich vor, wie sie die Krone empfing. Sie stellte sich vor, wie sie als Siegerin über den Laufsteg schritt. Wieder und wieder sah sie sich selbst als Siegerin. Und genau dies, sagte Tara, war der Schlüssel zu ihrem Erfolg. Ein anderer Reporter fragte sie, ob sie nervös gewesen sei, als sie vor Millionen von Fernsehzuschauern über den Laufsteg schreiten musste, während der Moderator den berühmten ›Miss America‹-Song sang. Ihre Antwort: »Nein, ich war überhaupt nicht aufgeregt. Wissen Sie, ich war vor meinem inneren Auge schon tausendmal über diesen Laufsteg geschritten.«

Was siehst du, wenn du deine Augen schließt?
Siehst du, wie deine Träume Wirklichkeit werden?
Siehst du, wie deine Ehe wiederhergestellt wird?
Siehst du den nächsten Erfolg in deinem Alltag?
Siehst du, wie Gott dir mit seinem Segen begegnet
und wie er dir eine Tür nach der anderen öffnet?

Siehst du ein Bild deines Sieges?

Seit wir unsere Kirche gegründet haben, sehe ich vor meinem inneren Auge immer wieder, was Gott noch für Wunder tun wird und was wir noch zusammen mit unserem Gott erleben werden.

Ich sehe, wie Menschen aus der ganzen Region, aus der ganzen Schweiz in unsere Kirche kommen, um Gott anzubeten. Ich sehe neue Möglichkeiten, neue Ideen und neue Beziehungen, die auf uns warten. Ich sehe, wie Kranke durch den Besuch unserer Kirche gesund werden. Ich sehe, wie Beziehungen wiederhergestellt und Identitäten gefestigt werden, wie Menschen neue Hoffnung finden und wie ihr Selbstvertrauen und ihr Glaube größer werden. Ich sehe, wie Menschen ihre von Gott gegebenen Träume entdecken. Ich sehe, wie Jugendliche ihr Potenzial entfalten und ihre Talente zur Ehre Gottes einsetzen. Ich sehe, wie Kinder in einem gesunden und von positiven Werten geprägten Umfeld aufwachsen, und ich sehe, wie Gott durch unsere Kirche seine Größe zeigt.

Elija hörte das Rauschen des Regens in seinen Ohren. So viele Männer und Frauen aus der Bibel sahen vor ihrem inneren Auge, was Gott durch sie in ihrer Zukunft bewegen oder verändern könnte. So auch Abraham, ein weiterer Mann aus dem Alten Testament. Gott versprach Abraham seinen grenzenlosen Segen. Doch bevor dies passierte und Abraham erlebte, wie Gott ihn segnete, geschah Folgendes:

> **Der Herr führte Abraham nach draußen und sprach zu ihm: »Schau hinauf zum Himmel. Kannst du etwa die Sterne zählen?« Dann versprach er ihm: »So zahlreich werden deine Nachkommen sein!« Und Abraham glaubte dem Herrn und der Herr erklärte ihn wegen seines Glaubens für gerecht.** *1. Mose 15,5–6* NLB

Gott begegnet Abraham im hohen Alter. Er und seine Frau hatten bis zu diesem Zeitpunkt keine eigenen Kinder und wurden von Gott aufgefordert, ihr Land zu verlassen. Somit hatten sie weder Nachkommen noch ein Land, in dem sie sich niederlassen konnten. Dann begegnete Gott Abraham und sagte zu ihm, dass er ihm Nachkommen schenken werde, so zahlreich wie die Sterne am Himmel. Aber du hast richtig gelesen, Abraham war alt. Sehr alt. Wir lesen in der Bibel, dass er und seine Frau Sara zu alt waren, um noch Kinder zu bekommen. Ihre Zeit war vorüber. Eigentlich schien es total unmöglich. Doch obwohl die natürlichen und körperlichen Umstände von Abraham und Sara gegen sie standen, schenkte Abraham der Zusage Gottes Glauben. Doch wie bestätigte Gott Abraham seine Zusage? Indem er ihn herausforderte, nach oben zu schauen.

Nach oben zu den Sternen.

Gott sagte damit Folgendes zu ihm: »Abraham, schaue weg von deinen Umständen und von all den Unmöglichkeiten. Schaue weg von deinem Alter, schaue weg von all den Menschen, die dir sagen, dass dies oder jenes nicht mehr geht. Schaue weg von deiner Vernunft. Schaue weg von all dem, was dich davon abhalten möchte, zu erleben, wie deine Träume wahr werden. Schaue stattdessen wieder nach oben! Schaue zu mir! Ich bin der, der jegliche Träume wahr werden lassen kann, jegliche Versprechen hält und dir all deine Wünsche erfüllen kann. Ich bin Gott und ich will dich segnen!«

Abraham schaute nach oben und sah die Sterne.

Dies wurde zu einem Bild für ihn. Er schenkte Gott sein Vertrauen und wurde für gerecht erklärt.

Spannend ist, dass Gott Abraham nicht aufgrund dessen Leistung, Taten, Errungenschaften oder heiligen und tadellosen Lebens für gerecht erklärte, sondern aufgrund dessen Glaubens.

Valeriia Miller, Pexels

Gott erklärte Abraham für gerecht, weil er Gottes Versprechen Glauben geschenkt hatte.

So ist es auch bei uns, wenn wir beginnen, den Zusagen, die wir in der Bibel finden, Glauben zu schenken. Wenn wir beginnen, wieder das in uns zu sehen, was Gott sieht, und uns nach dem Segen Gottes ausstrecken, werden auch wir erkennen, wie wir in den Augen Gottes gerecht erklärt sind. Ich weiß, gewisse religiöse Ansätze oder auch manche Kirchen sagen uns, dass wir gerecht oder würdig für Gottes Segen würden, wenn wir ein gutes und heiliges Leben führen. Doch das stimmt nicht.

Abraham konnte Gott rein gar nichts bieten. Abraham war zu alt, war in ungünstigen Umständen und sein Leben verlief nicht perfekt. **Doch er hatte Glauben.** Und dieser Glaube – dass Gott seine Zusagen erfüllen würde – machte ihn würdig, Gottes Segen zu empfangen.

Gott liebt es, wenn wir an unseren Träumen festhalten und uns ein Bild der Zukunft malen. Doch leider verlieren viele Menschen ihre Träume. Gerade wenn sie älter werden, das Leben seine Spuren bei ihnen hinterlassen hat, die Realität sie eingeholt hat und sie enttäuscht wurden, weil nicht alles so eingetroffen ist, wie sie sich vorgestellt hatten. Doch ich möchte dich ermutigen: Gib deine Träume nicht auf. Erwarte wieder, dass Gott dich segnen will und dass noch mehr in deiner Zukunft auf dich wartet. Auch wenn sich nie alles genau so erfüllen wird, wie du dir vorstellst, lass dir den Glauben auf eine bessere Zukunft, auf eine neue Tür, die sich öffnen wird, auf Heilung, auf eine neue Leidenschaft in deiner Ehe oder ein anderes Wunder nicht rauben. Denn wenn Gott etwas nicht so tut, wie wir uns vorstellen, dann will er unsere Erwartungen und Bilder sprengen und uns mit noch mehr Segen und Gunst beschenken. Wir lesen dies so schön beschrieben in einem Brief in der Bibel:

> **Ihm** [Gott], **der mit seiner unerschöpflichen Kraft in uns am Werk ist und unendlich viel mehr zu tun vermag, als wir erbitten oder begreifen können, ihm gebührt durch Jesus Christus die Ehre in der Gemeinde von Generation zu Generation und für immer und ewig. Amen.** *Epheser 3,20–21*

Gott ist mit seiner unglaublichen Kraft in uns am Werk. Diese Kraft wird alle unsere Träume und Erwartungen sprengen und Gott wird viel mehr an uns und mit uns tun, als wir uns jemals erträumen oder vorstellen können. Deshalb träume und male dir Bilder von deiner Zukunft vor deinem inneren Auge, denn Gott gebraucht genau diese kleinen und menschlichen Vorstellungen, um sie zu vergrößern. Abraham schenkte der Zusage Gottes im Alter von 75 Jahren Glauben. Er schaute nach oben und durfte 25 Jahre später, im Alter von 100 Jahren erleben, wie seine Frau Sara ihm einen Sohn schenkte.

> **Wie kam es, dass Abraham noch in einem Alter, in dem man eigentlich nicht mehr Vater werden kann, die Kraft erhielt, mit seiner Frau Sara, die selbst unfruchtbar war, ein Kind zu zeugen? Auch dafür war sein Glaube der Grund. Abraham war überzeugt, dass der, der ihm einen Sohn versprochen hatte, vertrauenswürdig ist. So stammt also von einem einzigen Mann – noch dazu von einem, dessen Zeugungskraft erloschen war – eine unermesslich große Nachkommenschaft ab, so unzählbar wie die Sterne am Himmel und der Sand am Ufer des Meeres.** *Hebräer 11,11–12*

Gott will dich segnen!

Gott kann wesensmäßig gar nicht anders, als uns zu segnen. Es wartet auf jeden von uns mehr, als wir momentan sehen. Mehr Möglichkeiten, mehr Ideen, mehr Freude, mehr Ressourcen, mehr Erfolg, mehr Finanzen, mehr Mut, mehr … Warum? Weil Gott uns immer wieder einen Schritt weiterführen will und Neues in uns und durch uns freisetzen möchte.

Gott begegnete Abraham und forderte ihn auf, sein Land zu verlassen und in ein Land zu ziehen, das er ihm unterwegs noch zeigen würde. Abraham vertraute Gott und wegen seines Glaubens wurde er von Gott belohnt. Gott schenkte ihm noch im hohen Alter einen Sohn. Elija hörte auf den Ruf Gottes und betete für Regen – in einer Situation, in der es über zwei Jahre lang nicht mehr geregnet hatte. Und Gott erhörte sein Gebet. Auch Gideon, ein weiterer Mann aus der Bibel, erlebte, wie Gott ihn segnete. Gideon lebte zu der Zeit, als das Volk Gottes von einem anderen Volk unterdrückt wurde. Deshalb versteckten sich die Menschen in Höhlen und trauten sich fast nicht mehr nach draußen. Sieben Jahre lang litten sie Hunger und wurden verfolgt, unterdrückt und gedemütigt. Unter diesen Umständen wuchs Gideon auf. Eines Tages, als er draußen war, um Nahrung zu suchen, begegnete ihm ein Engel:

Da zeigte sich ihm der Engel des Herrn und sagte: »Gott mit dir, du tapferer Krieger!« *Richter 6,12 GNB*

Interessant, wie der Engel des Herrn Gideon ansprach. Gott sagte zu ihm: »Du bist ein tapferer Krieger.« Doch wenn wir die Geschichte in der Bibel weiterlesen, sehen wir, dass sich Gideon weder tapfer noch stark fühlte. Gideon sah sich selbst als Versager. Er fühlte sich ängstlich, schwach und überhaupt nicht würdig, von Gott einen Auftrag anzunehmen. Doch Gott sah mehr in Gideon. Wenn Gott uns anschaut, dann sieht er nicht unsere Fehler, unser Versagen, unsere Zweifel oder unsere Ängste. Er sieht vielmehr das Potenzial, die Möglichkeiten und den Segen, der auf uns wartet. Gott sieht, was wir oftmals noch nicht sehen. Wenn wir beginnen, uns so anzuschauen, wie Gott uns sieht, können wir den Segen entdecken, den Gott für uns bereithält. Gideon begann nach einem langen Prozess, den Worten und Zusagen Gottes Glauben zu schenken. Er zog als Leiter mit einer kleinen Armee in den Krieg gegen das feindliche Volk und gewann mit Gottes Hilfe diesen scheinbar aussichtslosen Kampf.

Wenn Gott dich anschaut, dann sieht er die Träume, die er mit dir wahr werden lassen will. Er sieht, was tief in dir verborgen ist, und wartet nur darauf, mit dir zusammen all das zu entdecken.

Träume groß, glaube groß und bete groß. Egal, was die Menschen, deine Umstände, deine Zweifel oder deine Gedanken dir sagen, lass dir die Hoffnung auf den Sieg, den Segen und den Durchbruch nicht nehmen.

Erwarte, dass Gott dich segnen will.

Hauche deinen Ideen und Träumen wieder Leben ein, indem du sie hervorholst und an ihnen festhältst. Male sie vor deinem inneren Auge und halte an der Heilung, dem Wunder, dem Durchbruch, dem neuen Haus, dem neuen Job, der Beförderung, deinem zukünftigen Ehepartner, dem Kinderwunsch und deinen Wünschen fest.

Gott will dich segnen und hat dich nicht vergessen.

Als meine Frau und ich vor vielen Jahren das Gefühl hatten, wir sollten unsere Wohnung kündigen, bevor wir eine neue hatten, erlebten wir genau das. Quasi ins Blaue hinein kündigten wir und wussten nicht, wo wir in drei Monaten mit unseren zwei kleinen Kindern leben würden. Die Zeit verging – der erste Monat, der zweite Monat und wir hatten immer noch keine Wohnung. Dann kam der dritte und ich dachte: »Jetzt wird die neue Wohnung kommen.« Wir besichtigten eine nach der anderen, doch keine passte. Auch nicht nach drei Monaten. Und so räumten wir unsere Wohnung und standen vor dem Nichts.

Meine Eltern boten uns an, in leerstehende Büroräume, die sie vermieteten, einzuziehen. So als Zwischenlösung, bis wir etwas finden würden. Also zogen wir in die Büroräume ein, schliefen zwischen den vollen Umzugskisten, und ich fragte mich: »Haben wir uns vielleicht geirrt? Wollte Gott gar nicht, dass wir die alte Wohnung verließen?« Wenn du in Büroräumen zu leben beginnst, mit einer kleinen, alten Küche, einer Toilette im Treppenhaus und natürlich ohne Dusche, scheint das wirklich eine berechtigte Frage zu sein. Doch wir hatten keine Wahl. Hier lebten wir nun und die Suche ging weiter.

Nach etwa zwei Wochen in unserer lustigen Wohnsituation sagte meine Frau zu mir: »Schatz, ich fühle mich so wohl hier. Ich würde am liebsten die Kisten auspacken und alles einrichten. Könnten wir nicht die Büroräume in eine Wohnung umbauen?« Ja, warum eigentlich nicht? Wir fragten meine Eltern, sie fanden die Idee super, und daraufhin wohnten wir zwei Monate auf einer Baustelle und teilten die Wohnung mit dem Baustaub, den Bauarbeitern und der Vorfreude auf unsere neue Wohnung. Nach dieser intensiven Zeit fanden wir unsere Traumwohnung, mit der Gott all unsere Erwartungen und

Wünsche sprengte. Der Weg dorthin war einfach ein bisschen anders, als wir uns vorgestellt hatten.

Spannend ist, dass ich trotz all der Umstände, Fragen und auch lustigen Situationen eigentlich nie den Glauben daran verlor, dass Gott es gut mit uns meint und schlussendlich immer unser Bestes sucht.

Gott hat auch für dich nur das Beste im Sinn. Auch wenn es im Moment nicht danach aussieht, darfst du wissen, Gott sieht weiter. Gott sieht das Potenzial, Gott sieht den Segen, der kommen wird, und Gott hat schon eine Antwort bereit. Auch wenn es noch eine Weile dauert, bis es so weit ist. Denn an dieser Grundwahrheit dürfen wir uns festhalten: Gott will und wird uns segnen. Der Regen wird kommen, auch wenn es im Moment trocken und hoffnungslos aussieht. Gott ist da und hat dich nicht vergessen.

Ich möchte dieses Kapitel mit Abraham beenden. Gott versprach ihm seinen grenzenlosen Segen. Einen Segen, der über sein Leben hinausgehen würde. Einen Segen, durch den die ganze Welt Gottes Größe und Kraft erkennen würde. Von diesem Segen lesen wir hier:

> **»Ich will dich segnen und dich zum Stammvater eines mächtigen Volkes machen. Dein Name soll in aller Welt berühmt sein. An dir soll sichtbar werden, was es bedeutet, wenn ich jemand segne. Alle, die dir und deinen Nachkommen Gutes wünschen, haben auch von mir Gutes zu erwarten. Aber wenn jemand euch Böses wünscht, bringe ich Unglück über ihn. Alle Völker der Erde werden Glück und Segen erlangen, wenn sie dir und deinen Nachkommen wohlgesonnen sind.«** *1. Mose 12,2–3* GNB

Gott hat auch für dich nur das Beste im Sinn.

Ist das nicht einfach unglaublich? Die ganze Welt, alle Menschen, werden, wenn sie von Abraham reden, sehen und erkennen, wie großartig Gott ihn gesegnet hat. Ob sie nun Gott kennen oder nicht, es wird für alle offensichtlich sein, dass Abraham und sein Volk – das heutige Israel – gesegnet sind. Doch es geht noch weiter, wir lesen im Neuen Testament:

> **Ihr alle seid also Söhne und Töchter Gottes, weil ihr an Jesus Christus glaubt und mit ihm verbunden seid. ... Wenn ihr aber zu Christus gehört, seid ihr auch Nachkommen Abrahams und seid damit – entsprechend der Zusage, die Gott ihm gegeben hat – Abrahams rechtmäßige Erben.** *Galater 3,26.29*

Wir, du und ich, sind durch unseren
Glauben an Jesus Abrahams
rechtmäßige Erben.
Erben seines Segens.

So gesehen dürfen, sollen und müssen wir eigentlich damit rechnen und davon ausgehen, dass Gott uns segnen will. Doch wir können dieses Privileg auch verspielen, indem wir vergessen, uns so anzuschauen, wie Gott uns sieht, und zu uns selbst sagen:

»Ich werde nie aus meinen Schulden herauskommen. Ich werde nie heiraten. Aus mir wird nie etwas Anständiges werden. Ich werde nie ein erfülltes Leben haben. Wir als Ehepaar werden diese Herausforderung nie überwinden. Ich werde nie mehr gesund, diese Krankheit gehört zu mir. Ich werde diese Sucht nicht überwinden. Ich werde nicht ...«

Auch Gideon hat in der Geschichte am Anfang dieses Kapitels solche Worte gewählt. Mit solchen Aussagen drücken wir aus, dass wir die Hoffnung aufgegeben haben und nicht mehr an uns glauben.

Doch schöpfe Mut und beginne dich wieder so zu sehen, wie Gott dich sieht. Gott schaut wie bei Gideon auf dein Potenzial.

Gott fokussiert sich nicht auf deine Fehler, dein Versagen, deine Nöte und Kämpfe. Gott schaut vielmehr auf das, was er mit dir noch bewegen möchte. Gott sieht, was – dank deines Glaubens an ihn – mit dir und durch dich noch alles möglich ist. Warum? Weil Gott dich segnen möchte. Beginne, wie Elija und Abraham zu glauben, dass noch mehr Segen, Wunder und wahr werdende Träume auf dich warten. Egal, wie trocken es ist, wie hoffnungslos deine Situation auch aussehen mag, gib Gott nicht auf.

> **Richtet eure Gedanken auf das, was im Himmel ist, nicht auf das, was zur irdischen Welt gehört!** *Kolosser 3,2*

Regen wird kommen.

Gottes Segen wartet auf dich!

PART 2

TISCH

Der Herr ist mein Hirte, darum leide ich keinen Mangel. Er bringt mich auf Weideplätze mit saftigem Gras und führt mich zu Wasserstellen, an denen ich ausruhen kann. Er stärkt und erfrischt meine Seele. Er führt mich auf rechten Wegen und verbürgt sich dafür mit seinem Namen. Selbst wenn ich durch ein finsteres Tal gehen muss, wo Todesschatten mich umgeben, fürchte ich mich vor keinem Unglück, denn du, Herr, bist bei mir! Dein Stock und dein Hirtenstab geben mir Trost. Du lädst mich ein und deckst mir den Tisch selbst vor den Augen meiner Feinde. Du salbst mein Haupt mit Öl, um mich zu ehren, und du füllst meinen Becher bis zum Überfließen. Nur Güte und Gnade werden mich umgeben alle Tage meines Lebens, und ich werde wohnen im Haus des Herrn für alle Zeit.

Psalm 23

Nimm Platz

Gottes Träume für dein Leben sind viel größer, als du dir vorstellen kannst. Wenn Gott dir zeigen würde, was er noch alles für dich bereithält, würdest du das weder fassen noch begreifen können. Es würde schlichtweg dein Denken sprengen. Deshalb lass dich immer wieder von Neuem auf die Beziehung mit Gott ein. Nimm Platz an seinem Tisch. Lass dich von ihm bedienen, von ihm beschenken und dir deine nächsten Schritte zum Ziel und zu mehr Segen zeigen. Gott ist da und ruft dir zu: »Komm, nimm Platz an meinem Tisch!«

In Psalm 23 beschreibt David Gott als seinen Hirten und wir lesen, wie Gott ihn stets führt und segnet. Egal, durch welche Herausforderungen David gehen muss, Gott ist an seiner Seite. So ist es auch bei uns. Gott als unser Hirte hat immer unser Bestes im Sinn. Gott bringt uns auf Weideplätze, an die richtigen Orte in unserem Leben. Mit ihm leiden wir keinen Mangel mehr. Gottes Gegenwart erfrischt uns, führt uns, segnet uns und bewahrt uns. Gott sucht unser Bestes, immer, darum lass auch du dich von ihm führen und leiten.

Dazu entschied sich auch Phyllis, deren Geschichte ich gelesen habe. Phyllis wurde mit 16 Jahren überraschend schwanger und musste die Schule verlassen. Ihre Träume zerplatzten und sie war total verzweifelt. Sie mietete eine winzige Wohnung, hatte kaum Geld und lebte von dem, was andere ihr zukommen ließen.

Doch statt sich mit ihrem Schicksal abzufinden, sagte sie eines Tages zu sich selbst: »Jetzt ist Schluss! Meine Kinder sollen nicht in einer solchen Atmosphäre groß werden. Ich entscheide mich für einen anderen Lebensstil.«

Sie begann zu glauben, dass Gott Besseres und Größeres für sie bereithält und rechnete damit, dass er sie auf übernatürliche Weise segnen würde. Sie sagte den negativen Gedanken den Kampf an und begann, sich selbst etwas zuzutrauen.

Wenn es schwierig wurde, gab sie trotzdem nicht auf. Unbeirrt verfolgte sie ihren Weg. Sie tat, was in ihrer Macht stand, und Gott tat das Seine dazu. Phyllis bekam eine Stelle in der Cafeteria einer Schule. Nebenbei besuchte sie eine Abendschule und holte ihren Abschluss nach. Danach besuchte sie die Universität, bestand ihr Bachelor-Examen und machte noch einen Master-Abschluss. Heute arbeitet sie als Direktorin in demselben Schulbezirk, wo sie in der Cafeteria begonnen hatte. Sie hat den Fluch der Armut und des Mangels über ihrer Familie gebrochen und sagt dazu: »Gott hat mich einen weiten Weg geführt: Früher habe ich von der Wohlfahrt gelebt, heute lebe ich im Wohlstand.«

Wenn wir wollen, können wir Ähnliches erleben. Gib dich nicht länger mit dem zufrieden, was du heute hast, sondern steh wieder auf, suche Gott, lass dich von ihm und seinen Gedanken inspirieren, berühren und weiterführen.

Wage es, neue Wege zu beschreiten.

Steh auf und sage zu deinen negativen Gedanken, dem Geist der Armut, der Sucht, der Not, der Depression, der Angst, der Minderwertigkeit – dem, was dich davon abhält, dein volles Potenzial zu entfalten:

»**Jetzt ist's genug. Ich setze mich wieder an den Tisch zu Gott.** Ich lasse mich von ihm inspirieren und mir neue Ideen schenken. Ich lasse mir neuen Mut und Hoffnung geben. Ich schreibe meine Geschichte mit Gott zusammen neu! Ich will erleben, wie Gott mich segnet, wie ich mit meinem Leben einen Unterschied machen kann und wie meine Träume wahr werden.«

Andrew Petrischev, Unsplash

David beschreibt dies in Psalm 23 so schön.

> **Du lädst mich ein und deckst mir den Tisch selbst vor den Augen meiner Feinde.** *Psalm 23,5*

Das Erste, was wir hier sehen, ist:

1. Gott lädt uns ein

Du bist eingeladen. Der Gott, der das ganze Universum geschaffen hat, der alles in seiner Hand hält, der von sich sagt, dass er der Anfang und das Ende sei und dass nichts auf dieser Erde geschehe, was nicht zuvor an seinem Thron vorbeimüsse, lädt dich an seinen Tisch ein.

Ich erinnere mich noch gut, wie meine Frau und ich, frisch verheiratet, als junge Pastoren eingeladen wurden, mit den Leitern einer großen Kirchenbewegung essen zu gehen. Wir setzten uns an den Tisch. Neben mir nahm mein großes Vorbild Platz, ein Mann, der mich tief beeindruckte. Ich war völlig überfordert und wusste nicht, wie ich mich verhalten sollte. Ich rutschte auf meinem Stuhl hin und her, fühlte mich sehr geehrt, dass ich neben ihm sitzen durfte, und trotzdem wünschte ich mir, dass diese Zeit schnell vorbeigehen würde, weil ich so nervös war. Trotz meiner Unsicherheit wurde es ein toller Abend. Ich konnte Fragen stellen und von seinen Weisheiten lernen, und es wurde zu einem Erlebnis, das mich auf meiner Lebensreise als Pastor weiterbrachte. Wenn schon ein solches gemeinsames Abendessen mit so einem großen Vorbild, das an einen glaubt, derart prägend sein kann, wie viel mehr wird dann ein Abend mit Gott an seinem Tisch unser Denken sprengen? Mit Gott, der alles in seiner Hand hält, dem nichts unmöglich ist und der immer das letzte Wort hat. Dieser Gott sagt heute zu dir: »Du bist eingeladen, dich an meinen Tisch zu setzen, um mit mir Gemeinschaft zu haben, alle deine Fragen zu stellen, dich von mir berühren zu lassen und dir aufzeigen zu lassen, was ich für deine Zukunft noch alles bereithalte.«

Gott lädt dich ein. Nimm Platz und setze dich an seinen Tisch. Stelle deine Fragen, höre gut zu, lerne und beobachte, was Gott dir zeigen möchte.

Du wirst den nächsten Segen in deinem Leben sehen, du wirst den nächsten Weg erkennen, du wirst Fragen beantwortet bekommen und du wirst neue Freude, Kraft und Frieden finden!

Vielleicht denkst du jetzt: »Du hast gut reden. Ich möchte auch mit Gott Gemeinschaft haben und erkennen, was er alles für mich bereithält. Aber du hast ja keine Ahnung, was ich schon alles verbockt habe, wie viele Dinge ich in den Sand gesetzt habe und was ich noch für Kämpfe, Zweifel und Ängste habe. Ich bin nicht würdig, mich an den Tisch eines solch mächtigen Königs zu setzen. Ich habe nichts vorzuweisen, ich bin ein Nichts. Ich bin ein Versager. Ich bleibe besser da, wo ich bin, und gebe mich mit meinem mittelmäßigen Leben zufrieden.«

Du hast recht, wenn du so von dir sprichst und denkst, dann kann Gott dich nicht weiterbringen und dich nicht mit neuem Segen überraschen. Erkenne und beginne zu verstehen, dass Gott uns an seinen Tisch einlädt, Platz zu nehmen, ganz gleich, wer wir sind, was wir getan haben oder wo wir immer wieder versagen. Gott ruft uns zu und will mit uns Zeit verbringen. An seinem Tisch, an dem Ort, von dem neuer Segen ausgeht, neue Träume entdeckt werden und neue Kraft zu fließen beginnt, unabhängig davon, wie wir uns gerade fühlen.

Steh auf, lass die selbstanklagenden Gedanken los, vertraue darauf, dass deine Fehler für unseren Gott kein Hinderungsgrund sind, dich an seinem Tisch willkommen zu heißen. Verändere dein Denken, erwarte, dass sich Gottes Güte auch in deinem Leben zeigen wird. Erwarte, dass Gott Großes mit dir und in deinem Leben tun wird. Gott ruft dir zu. Gottes Liebe und seine Gnade sind größer als all unsere Fehler, Zweifel und unser Versagen. Und diese Liebe ruft:

»Komm und nimm Platz an meinem Tisch. Sei mein Gast. Ich möchte dir dienen und dir helfen, deine nächsten Schritte zu neuem Segen zu erkennen.«

2. Gott deckt den Tisch

Was wir außerdem in Psalm 23 erkennen können, ist, dass Gott uns den Tisch deckt. Wir brauchen nichts mitzubringen. Wir müssen Gott nicht beeindrucken. Weder unsere Taten noch unsere Leistung sind gefragt am Tisch mit Gott. Gott will uns dienen. Gott will uns sogar bedienen. Gott will uns beschenken. Du kannst kommen, wie du bist – mit deinen Fragen, deinen Zweifeln, deinem Versagen –, und dich von Gott beschenken lassen. Gott will dich mit Hoffnung, Ideen, Vergebung, Gnade, Freiheit und Freude bedienen.

Viele Menschen machen sich falsche Vorstellungen und denken, dass sie Gott irgendwie beeindrucken und Dinge richtig machen müssten, damit Gott sie annimmt. Sie denken, dass sie bloß keine Fehler mehr machen dürfen, damit sie von Gottes Segnungen profitieren können. Doch dies lesen wir in Psalm 23 nicht – und das ist auch nicht die zentrale Message der Bibel. So ist unser Gott nicht.

> Gott lädt uns ein, Gott deckt uns den Tisch. Wir dürfen uns bedienen lassen. Einfach so.

So, wie wir sind.

Du lädst mich ein und deckst mir den Tisch selbst vor den Augen meiner Feinde.

Psalm 23,5

Fred Kearney, Unsplash

3. Im Angesicht unserer Feinde

Besonders spannend finde ich diese Stelle in Psalm 23: Gott deckt uns den Tisch im Angesicht unserer Feinde. Mitten in unserem Alltag, im Chaos des Lebens, in unseren Fragen, unserem Versagen und unseren Zweifeln ruft Gott uns zu:

»Mach mal einen Stopp. Setz dich zu mir an den Tisch. Ich will dir begegnen. Ich will dir eine neue Sicht schenken. Ich will dir Frieden geben, meine Ruhe wartet auf dich. Halt an, mitten in all deinem Schaffen. Komm zu mir und ich werde dir begegnen. Ich werde dich segnen. Ich werde dich beschenken.«

Und dann wird uns der Segen Gottes inmitten unseres Alltages überraschen, einfach so. Er wird uns weitertragen und unser Leben bereichern. Wir lesen diese Zusage auch hier in der Bibel:

> **Und alle diese Segnungen werden über dich kommen und werden dich erreichen, wenn du der Stimme des Herrn, deines Gottes, gehorchst.** *5. Mose 28,2 SLT*

Der Segen Gottes wird über dich kommen, wenn du dich entscheidest, dich immer wieder auf Gott zu fokussieren und dein Leben aus seiner Gegenwart heraus zu leben. Der Segen Gottes wird dich packen, überfließend und größer, als du dir vorstellen kannst, sobald du beginnst, dein Leben zusammen mit Gott zu leben.

Rechne jeden Tag von Neuem mit der Gunst Gottes. Geh davon aus, dass Gott dich segnen will. Erwarte Wunder und gib dich in deinem Leben nicht mit dem Mittelmaß zufrieden. Gott möchte dir in jedem Bereich deines Lebens helfen,

Der Segen Gottes wird dich packen, überfließend und größer, als du dir vorstellen kannst.

dich weiterbringen und dich segnen. Nicht nur in den großen Dingen, sondern auch in den alltäglichen Situationen. Rechne damit, dass du die besten Schnäppchen im Laden findest, der beste Parkplatz auf dich wartet, dass die Menschen dir wohlgesinnt sind und du viele kleine Wunder erleben wirst. Vielleicht läufst du auf dem Weg zur Arbeit ›ganz zufällig‹ jemandem in die Arme, den du schon lange einmal treffen wolltest. Das ist die Gunst Gottes, die dafür sorgt, dass du zur richtigen Zeit am richtigen Ort bist. Gottes Segen ist da. Gott will uns führen und sucht jeden Tag unser Bestes. Rechne damit. Lebe danach und zähle auf den Segen Gottes.

Wenn du im Verkauf arbeitest, dann sprich aus, dass dir die Kunden wohlgesinnt sind und es gut mit dir meinen werden. Sag zu deinem himmlischen Vater: »Danke, dass meine Kunden mir treu sind und mit mir gute Geschäfte abschließen wollen.« Hast du ein neues Haus mit vielen Wohnungen, dann rechne damit, dass Gott dir die richtigen Mieter schicken wird. Proklamiere die Gunst Gottes über deine freien Wohnungen und sage: »Danke, Gott, dass sich meine Wohnungen gut vermieten lassen werden. Danke, dass du mich mit den richtigen Menschen in Kontakt bringen wirst und sie meine Wohnungen mieten wollen.« Hast du ein Buch geschrieben, sprich den Segen Gottes darüber aus und sage: »Danke für dieses Buch, Gott. Danke, dass es ein Bestseller wird und es innerhalb kurzer Zeit nachgedruckt werden muss.« Egal, was du in deinem Alltag erlebst, mit was für Herausforderungen du konfrontiert bist, erwarte, dass Gott dich mit seinem Segen überraschen und dich seine Gunst vorwärtsbringen wird.

Lerne, die Gunst Gottes für jeden Bereich deines Lebens in Anspruch zu nehmen.

Gott will uns immer wieder Vorteile verschaffen und uns eine Vorzugsbehandlung genießen lassen. Warum? Weil wir seine Kinder sind. Weil wir uns an seinen Tisch gesetzt haben, uns von ihm bedienen lassen und aus der Gemeinschaft mit ihm heraus leben.

Nur Güte und Gnade werden mich umgeben alle Tage meines Lebens, und ich werde wohnen im Haus des Herrn für alle Zeit.
Psalm 23,6

»Achte auf deine Gedanken, denn sie werden Worte. Achte auf deine Worte, denn sie werden Handlungen. Achte auf deine Handlungen, denn sie werden Gewohnheiten. Achte auf deine Gewohnheiten, denn sie werden dein Charakter. Achte auf deinen Charakter, denn er wird dein Schicksal.«

Setze Gott keine Grenzen

Unser Leben wird unseren Erwartungen entsprechen. Erwartest du Segen, Durchbrüche und Wunder, so werden diese früher oder später auch folgen. Doch erwartest du nur ein mittelmäßiges Leben, dann wirst du auch ein solches haben. Wenn du dich mit positiven Gedanken beschäftigst, wird sich dein Leben in eine positive Richtung entwickeln. Doch wenn du ständig negative Gedanken pflegst und negative Worte über dich aussprichst, brauchst du nicht erstaunt zu sein, wenn diese auch eintreffen.

Ein jüdisches Sprichwort beschreibt treffend, worum es geht: »Achte auf deine Gedanken, denn sie werden Worte. Achte auf deine Worte, denn sie werden Handlungen. Achte auf deine Handlungen, denn sie werden Gewohnheiten. Achte auf deine Gewohnheiten, denn sie werden dein Charakter. Achte auf deinen Charakter, denn er wird dein Schicksal.«

Darum ermutige ich dich, verändere und vergrößere dein Denken. Setze Gott keine Grenzen mehr!

Es ist matchentscheidend für unser Leben, mit welchen Menschen wir uns umgeben. Haben wir Menschen um uns, die positiv, ermutigend, glücklich, inspirierend und zufrieden sind?

Oder beeinflussen uns hauptsächlich Menschen, die uns herunterziehen, schlecht reden, über andere herziehen und in allem nur das Negative sehen? Menschen prägen uns. Gedanken prägen uns. Umstände prägen uns. Gerade deshalb ermutige ich dich: **Überlege dir gut, von wem und von was du dich prägen und beeinflussen lässt.**

Wenn du die Nähe von erfolgreichen und inspirierenden Menschen suchst, nehmen diese Eigenschaften in deinem Leben mit der Zeit automatisch zu. Ihre Begeisterung steckt dich an. Ihre positive Stimmung, der du dich aussetzt, ihre Einsatzfreude, Disziplin und die Art, wie sie Dinge enthusiastisch anpacken, werden dich prägen und sich in deinem Innern verankern. Wenn du dich mit Menschen umgibst, die sich auf Gott verlassen und ihm vertrauen, wird auch dein Glaube wachsen und stärker werden. Eigentlich ist es ganz einfach:

Wenn du wie ein Adler am Himmel schweben möchtest, musst du deinen Hühnerstall verlassen.

Folgende Geschichte hat mich selbst motiviert, immer wieder meine Perspektive zu vergrößern und mich auf das, was Gott noch in der Zukunft für mich bereithält, zu fokussieren:

Bill und Cindy sind vor ein paar Jahren in eine andere Stadt umgezogen. Bill hatte damals zwei Jobs, um seine Familie über die Runde zu bringen, und Cindy betreute zu Hause die Kinder. Es war eine schwierige Zeit in ihrem Leben; sie hatten kaum genug Geld, um die Miete zu zahlen und Essen zu kaufen. Doch statt sich in dieser schier ausweglosen Situation dem Negativen hinzugeben und ihre Träume loszulassen, taten sie in dieser Zeit etwas sehr Ungewöhnliches: Wenn Bill am Abend von der Arbeit heimkam, zogen sie sich oft schick an und statt in ihrer kleinen Wohnung herumzusitzen und Trübsal zu blasen, fuhren sie zu einem der großen und eleganten Hotels der Stadt. Sie hatten nicht genug Geld, um die Parkgebühr auf dem Hotelparkplatz zu bezahlen, daher parkten sie ein paar hundert Meter weiter an der Straße und gingen zu Fuß zum Hotel. Sie betraten das prächtige Gebäude, nahmen in der eleganten Eingangshalle Platz und träumten von ihrer Zukunft. Als Bill später gefragt wurde, warum sie dies getan hatten, gab er zur Antwort: »Weißt du, ich wollte mich in einer Atmosphäre aufhalten, die von Erfolg geprägt ist. Ich wollte an einem Ort sein, der meine Hoffnungen nährte. Ich wollte mich in ein Ambiente begeben, in dem ich von dem träumen konnte, was ich erreichen wollte.«

Suche auch du dir immer wieder Orte, die dich inspirieren, und Menschen, die dich motivieren. Eine lebendige Kirche kann solch ein Ort sein, wo du ermutigt wirst, Gott anzubeten und mehr von ihm zu erwarten. Es können auch Orte des Erfolgs, Orte der Inspiration und ganz allgemein Orte der Gottesbegegnung sein. Suche das Gute, lass dich inspirieren und staune, wie sich neue Träume, neue Hoffnungen und neue Ideen in dir ausbreiten.

Dies beschreibt auch David so schön, in einem weiteren Teil von Psalm 23.

> **... und füllst meinen Becher bis zum Überfließen.** *Psalm 23,5*

Dies ist ein Bild aus dem Judentum. Wann immer das Volk Gottes das Passahmahl feiert und sich so an die gottgewirkte Befreiung aus der Gefangenschaft in Ägypten erinnert, werden vier Becher mit Wein gefüllt. Im ursprünglichen Brauch füllte man die Becher nicht nur randvoll, sondern man brachte sie zum Überfließen. Damit drückten die Juden Folgendes aus:

»Wir haben einen Gott des Überflusses.«

Und genau dies sagt auch David in seinem Psalm. Wie er und das Volk Israel beten auch wir den Gott des Überflusses an. Den Gott, der uns immer wieder mehr als genug geben möchte. Den Gott, der unser Denken sprengen möchte. Gerade darum ist es wichtig, was wir von ihm erwarten und wie wir über seinen Segen denken. Erwarte, dass Gott auch dir mit seinem Segen begegnen und auch deinen Becher zum Überfließen bringen wird. So, dass du nicht nur gerade genug für dich selber hast, sondern mehr als genug – sodass du wiederum zu einem Segen für andere werden kannst.

Dies dürfen wir als Kirche immer wieder erleben. Eine Geschichte dazu möchte ich mit dir teilen, um dich zu ermutigen, dranzubleiben und mehr zu erwarten:

Vor ein paar Jahren kauften wir als Kirche ein Gebäude mit einem Restaurant. Im Saal würden wir die Celebrations (Gottesdienste) feiern und das Restaurant sollte ein Ort der Begegnung für alle werden. Dies war der Plan, mit dem wir voller Leidenschaft starteten. Doch schneller, als wir dachten, hatten wir kein Geld mehr, um das Restaurant weiterzuführen, und wir standen kurz vor der Schließung. Wir wollten jedoch nicht aufgeben und nach vielen Rettungsaktionen stellten wir uns als Team neu auf, lernten aus den Fehlern und organisierten Finanzen. Der Schuldenberg war im sechsstelligen Bereich. Doch wir konnten weitermachen. Mit großem Glauben setzten wir uns zum Ziel, diesen Betrag innerhalb von fünf Jahren mit dem Gewinn, den wir durch das Restaurant machen würden, den Investoren zurückzuzahlen. Der größte davon war die Kirche selbst.

Das hieß, würden wir erfolgreich arbeiten, könnten wir das Geld zurück in die Kirche fließen lassen und es verwenden, um den Umbau des Saals fertigzustellen. Das war der Plan und Gott fand diesen anscheinend gut. So gut, dass wir nicht fünf Jahre, sondern nur dreieinhalb Jahre brauchten, bis die Schulden durch den Gewinn eines Restaurants, das zuvor noch rote Zahlen geschrieben hatte, getilgt waren. Du kannst dir nicht vorstellen, wie wir gefeiert haben! An dem Tag, als klar war, dass wir es geschafft haben, waren all unsere Kirchenbesucher eingeladen und wir feierten und dankten Gott aus tiefstem Herzen für das Wunder, das er möglich gemacht hatte.

Dann starteten wir mit dem Umbau. Doch um diesen erfolgreich fertigzustellen, brauchten wir nochmals einen sechsstelligen Betrag. Unser Traum war es, den Raum mit einer Lüftung, einer Klimaanlage und einem Raumbedufter auszustatten. Doch fehlte eben noch einiges an Geld. Dann, dank eines göttlichen Wunders, besuchte uns eines Tages ein befreundeter Pastor mit einem Geschäftsmann. Dieser war so überwältigt von unseren Visionen und Ideen, dass er uns nach diesem Besuch bat, ihm unsere Bankverbindung zuzusenden. Er wolle unsere Kirche, unsere Träume und unsere Zukunft mit einer Geldspende unterstützen. Ich konnte es kaum fassen, als ich ein paar Tage später den Betrag auf dem Konto sah. Unglaublich, Gott hatte uns einfach so eine Tür geöffnet, sodass wir unseren Gottesdienstraum fertig umbauen und die Lüftung mit Klimaanlage und sogar einem Raumbedufter einbauen konnten.

Solche Wunder kann und wird Gott auch in deinem Leben tun. Er will uns mit seiner Güte überraschen, uns weiterführen und uns neue Türen öffnen. Wir müssen nur begreifen und verstehen, dass nicht wir, unser Job oder unsere Möglichkeiten die Quelle unserer Versorgung sind, sondern Gott. Gott ist unsere Quelle und seine Kreativität und seine Ressourcen sind grenzenlos. Gott kann dir eine Idee für eine Erfindung schenken, für ein Buch, ein Lied oder einen Film. Gott kann dir eine neue Vision geben. Eine einzige Idee Gottes kann den Lauf deines Lebens für immer verändern. Gottes Wirken wird nicht durch deine Ausbildung, deinen Titel oder dein Wissen bestimmt. Er wird nicht begrenzt durch das, was du hast oder nicht hast. Er kann alles tun, wenn du beginnst, an ihn zu glauben und ihm zu vertrauen. Er kann alles tun, wenn du aufhörst, ihm Grenzen zu setzen.

Erwarte, dass Gott dir in jedem Bereich deines Lebens auf übernatürliche Art und Weise begegnen und dich segnen und voranbringen wird.

»... Doch wenn es dir möglich ist, etwas zu tun, dann hab
Erbarmen mit uns und hilf uns!« – »Wenn es dir möglich ist,
sagst du?«, entgegnete Jesus. »Für den, der glaubt, ist alles
möglich.« Da rief der Vater des Jungen: »Ich glaube!
Hilf mir heraus aus meinem Unglauben!«
Markus 9,22–24

Schaue auf deinen Tisch

Gott hat uns erschaffen und uns mit Ehre und Würde gekrönt. Man könnte es auch so ausdrücken: Die Gunst Gottes ist über uns. Gott sucht unseren Vorteil. Gott möchte uns bevorzugt behandeln. Gott möchte uns das Leben leichter machen, es verbessern und immer wieder reich segnen. Gott möchte uns beistehen und uns Türen öffnen, die für andere verschlossen bleiben.

Darum ist es so wichtig, dass wir beginnen, ›gunstorientiert‹ zu leben. Dass wir mit der Gunst Gottes rechnen und uns auf Gott, seine Hilfe und seinen Segen verlassen. Denn wir alle sind Kinder des allmächtigen Gottes. Unser Vater hat das Universum geschaffen. Er hat uns seine Gnade erwiesen und so dürfen und sollten wir sogar eine Vorzugsbehandlung von ihm erwarten. Wir dürfen erwarten, dass unsere Mitmenschen uns gutgesinnt sind und uns helfen werden, auch wenn sie es nicht einmal beabsichtigen. Sie helfen und bringen uns weiter, weil Gott auf unserer Seite ist.

Ich habe die Geschichte eines erfolgreichen Geschäftsmannes gelesen, der sich für eine neue Stelle bewarb. Viele hochqualifizierte Führungskräfte aus der ganzen Welt bewarben sich ebenfalls auf diese Stelle. Die meisten von ihnen hatten mehr Erfahrung als er und waren qualifizierter. Zumindest sah es in den Bewerbungsunterlagen so aus. Doch aus unerklärlichen Gründen wurde er immer wieder zu einem weiteren Bewerbungsgespräch eingeladen und konnte sich bis zu einem letzten entscheidenden Gespräch durchsetzen. Nach diesem letzten Gespräch wurde er als neuer Leiter eingesetzt. Auf die

Frage, wie es ihm dabei ergangen sei, antwortete er Folgendes: »Als ich diesen Männern gegenübersaß, kratzten sie sich buchstäblich am Kopf und meinten: ›Wir wissen eigentlich nicht, warum wir Sie einstellen. Sie waren weder der qualifizierteste noch der erfahrenste Bewerber und Sie haben auch nicht den interessantesten Lebenslauf. Aber irgendwie mögen wir Sie einfach, wir wissen auch nicht recht, warum. Wir möchten Sie einfach lieber haben als alle ihre Mitbewerber.‹«

Menschen mögen uns, auch wenn sie es sich selbst nicht erklären können, und helfen uns, an die Position zu kommen, die Gott von Anfang an für uns vorgesehen hatte. Gott kann und wird Menschen, Situationen und Umstände zu unseren Gunsten verändern. Rechne mit den Wundern Gottes, erwarte, dass die Menschen, welchen du heute begegnest, für dich sind und nicht gegen dich. Denn die Gunst Gottes ist auf deiner Seite.

Davon schreibt auch David:

> **Du salbst mein Haupt mit Öl, um mich zu ehren.**
> *Psalm 23,5*

Das Öl, das hier gemeint ist, ist ein duftendes Salböl, dessen Zubereitung im Judentum heilig ist. Es besteht in der Grundstruktur aus Myrrhe, Zimt, Kalmus und Cassia. Salböl wird in der Bibel ca. 20 Mal erwähnt und diente dazu, Personen und Objekte für den Dienst im Heiligtum zu weihen. Zudem benutzte man es, wenn für Kranke gebetet wurde.

Weiter symbolisiert es auch Schutz. David erwähnt in einem anderen Psalm, dass wir mit dem Salböl der Freude gesalbt sind und uns dies vor Zweifel, Niedergeschlagenheit und Traurigkeit schützt. Außerdem steht dieses Öl für unsere Berufung. Als Kinder Gottes sind wir berufen, geschützt und mit seiner Gunst ausgestattet, um seine Liebe in die Welt hinaus zu tragen.

Im Psalm 23 schreibt David, dass Gott sein Haupt mit Öl gesalbt habe, um ihn einzusetzen und ihm viele neue Türen zu öffnen. Zudem schützt ihn dieses Öl nicht nur davor, seine Freude zu verlieren, sondern es stellt auch sicher, dass er seinen Auftrag, seinen Lauf, den Gott ihm gegeben hat, erfolgreich beenden wird. Wenn wir uns an den Tisch mit Gott setzen, werden auch wir gesalbt und mit seiner Gunst ausgestattet – einer Gunst, die immer unser Bestes sucht, sodass auch wir unser Ziel mit Gott zusammen erreichen werden. Doch dazu müssen wir nicht nur lernen, uns auf die Gunst und den Segen Gottes zu fokussieren, sondern auch, unseren Blick auf unserem Tisch zu halten.

Wir haben gelesen, dass Gott dich einlädt.

Und nun sitzt du da, am Tisch mit Gott. Du allein mit deinem Schöpfer, der dir zuhört, der in dein Leben hineinspricht, dich ermutigt, dir neue Ideen schenkt, neue Träume zeigt und neue Freude und Frieden in dein Herz legt. Einen solchen Moment erlebte auch Petrus, den wir aus der Bibel kennen. Kurz nach seiner Auferstehung von den Toten begegnet Jesus seinen Jüngern. Er isst mit ihnen, doch dann zieht er sich mit Petrus zurück, um eine Konversation unter vier Augen mit ihm zu führen. Dort fragt Jesus Petrus drei Mal, ob er ihn wirklich liebe. Petrus beantwortet die Frage drei Mal mit Ja und was danach passiert, lesen wir hier:

> **Darauf sagte Jesus zu ihm: »Sorge für meine Schafe!« … Petrus wandte sich um und sah, dass der Jünger, den Jesus besonders liebte, ihnen folgte – jener Jünger, der sich damals beim Abendessen zu Jesus hinübergelehnt und ihn gefragt hatte: »Herr, wer wird dich verraten?« Als Petrus ihn sah, fragte er Jesus: »Herr, und was wird aus diesem hier?« Jesus erwiderte: »Wenn ich will, dass er am Leben bleibt, bis ich wiederkomme, was geht dich das an? Folge du mir nach!«** *Johannes 21,17b.20–22*

Und nun sitzt du da,
am Tisch mit Gott. Du allein
mit deinem Schöpfer,
der dir zuhört, der in dein Leben
hineinspricht, dich ermutigt,
dir neue Ideen schenkt,
neue Träume zeigt und
neue Freude und Frieden
in dein Herz legt.

Jesus führt einen gewaltigen Dialog mit Petrus. Am Ende beruft er ihn, seine Gemeinde zu leiten. Ich kann mir vorstellen, dass dies ein absolut heiliger Moment war. Zeit allein mit dem Sohn Gottes. Am Ende des Gesprächs sagt Jesus mit anderen Worten:

»Petrus, ich glaube an dich. Petrus, ich sehe dein Potenzial. Petrus, ich vergebe dir, dass du mich drei Mal verraten hast. Petrus, du bist meine Nummer eins. Mit dir will ich meine Kirche bauen. So viel Gutes wartet auf dich. So viele Abenteuer warten, die wir zusammen erleben werden. Wir werden zusammen die Welt verändern und du bist an vorderster Front mit dabei. Klar, es wird nicht einfach, aber es wird dich unglaublich beflügeln, deine Berufung für mich und mit mir auszuleben.«

Hast du das Bild? Es wäre doch so ein genialer, unvergesslicher Moment für Petrus gewesen. Doch statt diesen zu genießen, blickt er nach hinten und sieht Johannes, einen anderen Jünger. Statt Jesus zu danken, sich über das zu freuen, was Gott in ihm sieht und mit ihm bewegen möchte, fragt er:

»Was passiert mit dem?«

Und schon hat er alles vergessen. Der heilige Moment, in dem Jesus ihm seine Berufung gibt, vergeht so plötzlich, wie er gekommen ist. Die Stimmung kippt. Man könnte es auch so ausdrücken: Petrus schaut weg von seiner Tischgemeinschaft mit Gott und blickt auf einen anderen Tisch.

Geht es uns nicht manchmal genauso? Gott will Träume mit uns wahr werden lassen. Gott hat uns Begabungen und Talente geschenkt, mit denen wir ein Segen für die Welt werden

könnten. Gott hat einen perfekten Plan für uns. Doch statt uns an dem zu erfreuen, was Gott mit uns tun möchte, schauen wir nach links und rechts und vergleichen uns mit anderen Menschen. Die Folge von Vergleichen ist, dass wir unseren eigenen Segen verpassen und die Gunst, die Gott über unserem Leben freisetzen möchte, nicht erleben. Wenn wir auf den Tisch der anderen statt auf unseren eigenen schauen, werden wir Ideen nicht anpacken und Momente nicht auskosten.
Ich möchte dich ermutigen:

> Bleibe an deinem Tisch. Bleibe bei Gott.
>
> Schau nicht rechts und auch nicht links.

Schau einfach immer weiter auf Gott und auf das, was Gott mit dir in deinem Leben tun möchte. Was er mit anderen tut oder anderen schenkt, ist nicht deine Geschichte. Es geschieht nicht an deinem Tisch. Die tiefe Wahrheit ist:

Wir werden nie unsere Berufung erkennen und ausleben können, wenn wir uns immer mit anderen vergleichen. Wir verlieren an Lebensqualität, wenn wir uns mit den Menschen in unserem Umfeld messen und eifersüchtig sind auf das, was sie besitzen.

Schaue auf deinen Tisch. Schaue auf das, was Gott mit dir bewegen möchte. Schaue auf das, was Gott dir gegeben hat und verliere nie deine Dankbarkeit. Denn ehrlich gesagt, wir haben genug mit uns selbst zu tun. Wenn wir erleben, wie Gott uns segnet, dann haben wir gar keine Zeit mehr, links und rechts zu schauen.

**Was ist der Mensch, dass du an ihn denkst?
Wer ist er schon, dass du dich um ihn kümmerst!
Du hast ihn nur wenig geringer gemacht als Gott,
mit Ehre und Würde hast du ihn gekrönt.**
Psalm 8,5–6

PART 3

DUNKELHEIT

»Ich habe gelernt, Gott zu vertrauen, was die geheimsten Wünsche meines Herzens angeht – die Dinge, von denen ich nicht weiß, dass ich sie brauche, und die Dinge, von denen ich dachte, dass ich sie nicht brauche. Oftmals stellte ich fest, dass es in den Tälern, durch die ich ging, mehr gab als nur den Schmerz, den ich erlebte. In Stürmen gab es mehr zu lernen als nur das, worauf meine Augen im Natürlichen geheftet waren.«

Brian Houston

aus »Es gibt mehr«, S. 13–14

Dunkelheit bringt neuen Segen

Wenn wir an Segen denken, gehen wir automatisch davon aus, dass es uns dabei gut geht. Segen und gute Zeiten gehören doch zusammen. Segen – und alles läuft rund, so ist es doch! Wir gehen von Segen zu Segen und haben keine Herausforderungen mehr.

Doch wenn wir die Bibel lesen, entdecken wir, dass Segen oftmals in den dunklen Zeiten des Lebens zum Vorschein kommt und entsteht und dass wir oftmals durch dunkle Zeiten gehen müssen, um neuen Segen zu entdecken. Die Tatsache, die ich fast noch mehr liebe, ist, dass wir sogar in dunklen Zeiten ein gesegnetes Leben führen können.

Auch wenn es hoffnungslos aussieht, mit Gott zusammen werden wir eine Lösung finden, und so wird sich die Herausforderung, die Dunkelheit und das Schwere in Segen für uns verwandeln.

Davon können wir uns auch in der Geschichte von Josef überzeugen. Josef wurde von seinem Vater bevorzugt behandelt, deshalb waren seine Brüder eifersüchtig auf ihn. Und so entschieden sie sich, Josef als Sklave ins Ausland zu verkaufen. Im fremden Land als Sklave angekommen, wurde er weiterverkauft. Er war ein guter Sklave, doch hatte die Frau des Besitzers ein Auge auf ihn geworfen. Weil er nicht mit ihr ins Bett gehen wollte, verleumdete sie ihn und er landete kurzerhand im Gefängnis. Der Lieblingssohn seines Vaters, im Gefängnis weit weg von zu Hause. Es sieht so aus, als wäre alles verloren. Doch dann lesen wir, wie Gott ihn nicht vergessen hat.

> **Er ließ Josef festnehmen und in das königliche Gefängnis bringen. Josef war nun also im Gefängnis. Aber der Herr in seiner Treue stand ihm bei. Er verschaffte ihm die Gunst des Gefängnisverwalters. Der Verwalter übertrug Josef die Aufsicht über alle anderen Gefangenen, und alle Arbeiten im Gefängnis geschahen unter Josefs Leitung. Der Verwalter vertraute ihm völlig und gab ihm freie Hand; denn er sah, dass der Herr ihm beistand und alles gelingen ließ, was er tat.** *1. Mose 39,20–23* GNB

Inmitten von Gefängnis, Verrat, Einsamkeit und der dunklen Situation im Leben von Josef lesen wir, wie Gott ihm beistand. Gott war an seiner Seite. Gott hatte ihn nicht vergessen. Das gilt auch für uns. Wir dürfen wissen, Gott steht uns bei. Auch wenn wir uns verlassen, einsam und hoffnungslos fühlen – Gott ist da. Gott wird uns nie alleinlassen.

Gott steht uns bei, auch wenn wir nichts davon spüren.

Gott ist auf unserer Seite. Dann lesen wir, wie Gott ihm nicht nur beistand, sondern ihm sogar seine Gunst schenkte. Josef erlebte, gerade im Gefängnis, in seiner Dunkelheit, wie Gott ihn trotzdem segnete. Darum sage nicht:

»Wenn ich durch diese Herausforderung gegangen bin, dann werde ich den Segen Gottes sehen. Wenn ich einen Partner habe, verheiratet bin, das Kind bekomme, den neuen Job beginne, meine Sucht überwinde und endlich meine Finanzen im Griff habe, dann bin ich gesegnet.«

»Wenn ich …« spricht von der Zukunft, doch Gott will uns heute, in unserem Hier und Jetzt segnen. Auch wenn es dunkel ist, wir uns hoffnungslos und niedergeschlagen fühlen, ist Gott da, und sein Segen wartet auf dich – trotz Fragen, trotz Sünden, trotz Süchten, trotz Depressionen, trotz allem, was dich herausfordert.

Da, wo du heute bist,
will Gott dich segnen.

Denn der Segen Gottes wartet nicht erst am Ende des Tunnels auf dich, sondern will dir schon begegnen, noch während du im Tunnel unterwegs bist.

Mehr noch, Gott will uns nicht nur inmitten der Dunkelheit beistehen, uns seine Gunst schenken und uns begleiten, durchtragen und uns seine Güte zeigen. Er benutzt die Dunkelheit zudem noch, um neuen Segen in unserem Leben zu kreieren und entstehen zu lassen.

Dies sehen wir bei **Josef**. Dank der Gunst Gottes im Gefängnis konnte er sich frei im Kerker bewegen und den Menschen dort dienen. Er begann auch, Träume zu deuten. So auch für den Mundschenk des Pharaos. Als der wieder befreit wurde und sich zwei Jahre später an Josef erinnerte, weil sein Pharao einen schlechten Traum gehabt hatte, wurde Josef als dessen Traumdeuter an den Hof geholt. Josef deutete den Traum des Pharaos und dadurch kam er nicht nur aus dem Gefängnis frei, sondern wurde auch noch die rechte Hand des Pharaos. Sein Weg führte also über das Gefängnis an den Hof des Königs.

Mose, ein jüdischer Mann, der von der Tochter des Pharaos adoptiert worden war, brachte als Jugendlicher einen Sklaventreiber um, der einen Mann aus seinem Volk schlug. Daraufhin musste er die Flucht ergreifen. Über 40 Jahre versteckte er sich in der Wildnis in einem kleinen Dorf. Doch nach diesen 40 Jahren begegnete ihm Gott und berief ihn, wieder zurück nach Ägypten zu gehen und sein Volk in die Freiheit zu führen.

40 Jahre Dunkelheit. 40 Jahre lang hatte Mose ein Leben neben seiner eigentlichen Bestimmung geführt. 40 Jahre geprägt davon, sich immer wieder zu fragen: »Warum? Was mache ich hier? Ich könnte doch viel mehr!« Doch in diesen 40 Jahren arbeitete Gott an Moses Charakter. Danach war Mose bereit für den Auftrag Gottes und befreite sein Volk aus der Gefangenschaft.

Elija, ein Prophet Gottes, bewegte viel für Gott. Nachdem er den Priestern eines anderen Gottes die Macht seines Gottes bewies, indem er mit Feuer aus dem Himmel einen Opferaltar in Brand setzte, für Regen betete und Gott sein Gebet erhörte, fiel er in eine tiefe Depression. Er flüchtete sich in die einsame Wüste. Plötzlich begann er an Gott zu zweifeln und wollte sogar sterben. Dort in der Einsamkeit, in der Dunkelheit, begegnete ihm Gott und Elija wurde von Gott neu gestärkt.

Esther, eine junge Frau aus der Bibel, wuchs ohne ihre leiblichen Eltern bei ihrem Onkel auf. Dazu noch in einem fremden Land. Doch dann gab es eine ›Misswahl‹, bei der die schönste Frau gesucht wurde, die die nächste Königin werden sollte. Esther gewann und wurde Königin! Nicht nur das: Als der König ihr Volk vernichten wollte, konnte sie ihre Stimme erheben und rettete das jüdische Volk vor dem Genozid!

Ich könnte dir noch viele Geschichten bringen – die Bibel und auch das Leben sind voll von Männern und Frauen, die Gott gebrauchte und segnete, Menschen, mit denen er Geschichte schrieb.

Doch meistens erlebten sie zuvor eine Zeit der Dunkelheit. Eine Zeit der Einsamkeit, der Fragen, der Not und Ängste. Aber Gott gebrauchte genau diese Zeit, um etwas Neues in ihnen und durch sie freizusetzen. Dunkle Zeiten sind etwas, was Gott auch in unserem Leben zulässt und benutzt, um neuen Segen zu kreieren.

Ich möchte dir dies anhand einer Pflanze veranschaulichen. Damit aus einem Samen eine schöne Blume wachsen kann, stoßen wir den Samen in die Erde. Dunkelheit, Dreck und Druck umgeben den Samen. Zudem gießen wir noch Wasser darüber. Also für den Samen kein schönes und ermutigendes Umfeld. Würden wir den Samen fragen, wie es ihm geht, würde er sicher antworten: »Ich will nicht hier im Dreck sein. Es ist dunkel. Ich fühle mich allein, kann mich nicht entfalten, sehe das Licht nicht mehr und es ist unbequem!«

Doch ohne Dunkelheit, ohne Dreck und Erde, keine Pflanze. So ist es auch bei uns. Gott gebraucht unsere Dunkelheit, um neuen Segen hervorzubringen.

Wir Menschen streben nach dem Segen, sind aber oft nicht bereit, zuerst durch ein dunkles Tal zu gehen.

Wir wollen die Frucht sehen, sind aber nicht bereit, den Prozess hin zur Frucht zu durchlaufen. Wir wollen die Welt verändern, doch sind nicht bereit, unseren Charakter von Gott verändern zu lassen. Wir wollen vom gedeckten Tisch essen, sind aber nicht bereit, uns von Gott – durch ein dunkles Tal – dorthin führen zu lassen. Wenn Gott dich in eine dunkle Zeit in deinem Leben hineinführt, dann nur, um neuen Segen vorzubereiten, deinen Charakter zu stärken und dich näher an sein Herz zu ziehen. Denn einer Sache können wir uns sicher sein: Gott ist immer da. Und wir dürfen ihm vertrauen. In den guten wie in den dunklen Zeiten unseres Lebens.

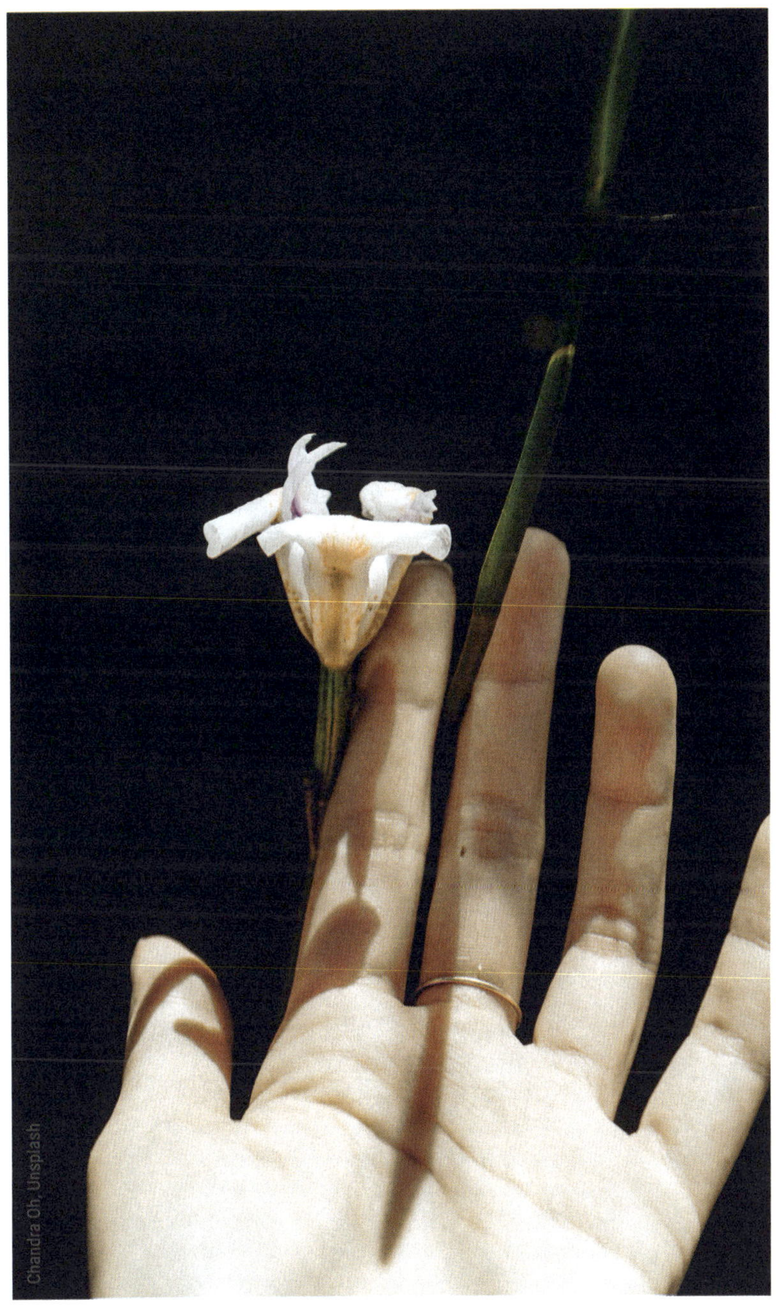

Chandra Oh, Unsplash

David beschreibt dies so schön in Psalm 23. Bevor Gott ihn an den Tisch führte, wo er ihn segnete, salbte und bediente, ging er durchs dunkle Tal.

> **Selbst wenn ich durch ein finsteres Tal gehen muss, wo Todesschatten mich umgeben, fürchte ich mich vor keinem Unglück, denn du, Herr, bist bei mir! Dein Stock und dein Hirtenstab geben mir Trost.**
> *Psalm 23,4*

Wir alle ziehen die guten Zeiten vor. Doch spannend ist, dass die herausfordernden Zeiten, die Zeiten, die uns etwas kosten, in denen wir kämpfen und in denen uns nicht einfach alles so gelingt, wie wir es uns vorstellen, uns zu dem Menschen machen, der wir sind.

> Dunkle Zeiten schleifen uns, stärken uns und veredeln unseren Charakter, wenn wir lernen, die Stärke und den Sieg zu erkennen, die darin verborgen liegen.

Wenn wir Gott weiterhin ehren, positiv bleiben, durchgehend an ein gutes Ende glauben und die Hoffnung nicht aufgeben, werden wir erleben, wie die Zeit der Dunkelheit zu einem Sieg für uns wird. Es sind die Zeiten, in denen wir nicht wissen, wie es weitergeht, und uns an Gott wenden, die Zeiten, in denen wir nicht schlafen können und plötzlich tiefgründige Gebete sprechen, die Zeiten, in denen wir – trotz allem, was gegen uns steht – treu bleiben und an Gottes Zusagen festhalten. Diese Zeiten schärfen und stärken uns.

Darum ermutige ich dich: **Beklage dich nicht über deine dunkle Zeit, sondern entdecke den Segen, die Kraft und die neuen Möglichkeiten, die Gott dir dadurch zeigen will.** Es gibt für jeden von uns gewisse Lebenslektionen, die wir nur in den herausfordernden Phasen unseres Lebens lernen können.

David lernte in der Einöde auf dem Feld bei den Schafen seines Vaters, weit weg von Zuhause, wie man Bären und Löwen mit der Steinschleuder bekämpft. Hätte er diese Zeit nicht gehabt, hätte er sich Goliat nie stellen und ihn erfolgreich besiegen können. So wäre er auch nie an den Königshof gekommen und hätte später auch nie den Königstitel erhalten. David selbst sagt in Psalm 23, dass ihn der Herr als sein Hirte immerzu führen werde, sei es in den Höhepunkten oder in den dunklen Zeiten seines Lebens. Gott ist immer bei ihm. Auch wenn es durchs dunkle Tal geht, braucht er sich nicht zu fürchten.

Genauso ist Gott auch bei uns. Egal, was wir durchmachen oder erleben müssen, Gott ist auf unserer Seite. Wir können ihm vertrauen, dass er uns weiterführen wird, dass der Segen wiederkommen wird und dass wir besser und gestärkter aus unseren Herausforderungen herauskommen werden, als wir in sie hineingegangen sind.

Gott wird nicht zulassen, dass die Dunkelheit uns mehr Schaden als Segen zufügen wird.

Warum? Weil wir Gott nicht losgelassen, sondern uns an ihm festgehalten haben. Wir können Gott vertrauen. Gott meint es gut mit uns und er hat immer unser Bestes im Sinn. Gott wird uns führen und er bleibt an unserer Seite. Darum lass deinen Glauben nicht los und entscheide dich – auch wenn es im Moment sinnlos erscheint –, Gott weiterhin an die erste Stelle zu setzen, ihn zu ehren und ihn zu suchen. Gott wird dich nicht nur herausführen, sondern diese Zeit der Herausforderung sogar noch dazu gebrauchen, deine Seele zu stärken und deinen Charakter reifen zu lassen.

Eines aber wissen wir: Alles trägt zum
Besten derer bei, die Gott lieben; sie sind
ja in Übereinstimmung mit seinem Plan
berufen. *Römer 8,28*
Tyler Lastovich, Unsplash

Unerfüllte Wünsche

Wir alle haben unerfüllte Wünsche, die wir mit uns herumtragen. Es geht um Sehnsüchte oder Umstände, von denen wir meinen, Gott könnte sie einfach so auf einen Schlag erfüllen oder ändern. Wir wissen, er könnte uns beschenken oder heilen. Gott hätte die Macht, uns die Versuchung wegzunehmen, unsere Ehe weiterzubringen, uns von dieser Krankheit zu befreien oder uns endlich das langersehnte Baby zu schenken. Wir haben Wünsche, die Gott erfüllen könnte, was er aber nicht oder noch nicht zu tun scheint.

Wir beten, wir glauben, wir hoffen und geben nicht auf, und trotzdem geschieht nichts. Unerfüllte Wünsche tragen das Potenzial in sich, Frust und Bitterkeit in unserem Leben freizusetzen. Die Bibel sagt dazu:

> **Langes Warten macht das Herz krank; aber ein erfüllter Wunsch gibt ihm neues Leben.** *Sprüche 13,12 GNB*

Ich möchte dich ermutigen: Lass nicht zu, dass deine unerfüllten Wünsche dich von Gott wegtreiben und dir die Freude rauben. Denn wenn Gott Dinge einfach so stehen lässt, eine Krankheit nicht heilt und du noch auf die Erfüllung eines Wunsches wartest, hat dies einen Grund.

Auch wenn wir es nicht verstehen, Gott sieht weiter und hat einen Plan mit unseren unerfüllten Wünschen.

Unerfüllte Wünsche hatten auch zwei Frauen aus der Bibel. Ihre Geschichte beginnt bei Jakob, der bei seinem Onkel Laban arbeitete. Laban hatte zwei Töchter. Eines Tages sah Jakob die jüngere Tochter seines Onkels und verliebte sich Hals über Kopf in sie. Er ging zu seinem Onkel, um ihn zu fragen, was er leisten müsse, um sie heiraten zu können. Der Onkel verlangte sieben Jahre Arbeiten für ihn. Jakob arbeitete die sieben Jahre ab und dachte, er könnte nun endlich seine große Liebe heiraten. Doch in der Hochzeitsnacht jubelte ihm der Onkel die ältere Tochter unter, die weniger schön war. Als Jakob dies bemerkte und sich bei seinem Onkel beschwerte, schlug dieser ihm den folgenden Deal vor: »Ich gebe dir meine jüngere Tochter auch noch, wenn du nochmals sieben Jahre für mich arbeitest.« Jakob ging darauf ein und hatte nun zwei Frauen. Die Schöne, die er liebte, und ihre Schwester, die er eigentlich gar nicht wollte. Und so ging die Geschichte weiter:

> **Jakob liebte Rahel … Der Herr sah, dass Jakob Lea zurücksetzte, deshalb schenkte er ihr Kinder, während Rahel kinderlos blieb. Als Lea ihren ersten Sohn geboren hatte, sagte sie: »Der Herr hat meinen Kummer gesehen; jetzt wird mein Mann mich lieben.« Deshalb nannte sie das Kind Ruben. … Als Rahel sah, dass Lea Kinder bekam und sie nicht, wurde sie eifersüchtig auf ihre Schwester und sagte zu Jakob: »Sorge dafür, dass ich Kinder bekomme, sonst will ich nicht länger leben!«** *aus 1. Mose 29,18–32; 30,1* GNB

Beide Schwestern hatten mit unerfüllten Wünschen zu kämpfen. Rahel war überaus schön und hatte einen Mann, der sie von ganzem Herzen liebte. Doch sie bekam lange Zeit keine Kinder, obwohl sie sich sehnlichst welche wünschte. Lea hingegen, die weniger schön war, bekam ein Kind nach dem anderen. Doch auch sie hatte einen unerfüllten Wunsch: Sie sehnte sich nach der Liebe ihres Mannes, die sie nie bekam.

Das Leben ist oftmals voller Widersprüche. Du hilfst anderen Menschen, damit sie sich besser fühlen, doch du selbst kämpfst mit Gedanken der Niedergeschlagenheit. Dein Arbeitskollege wird befördert, doch du wirst nicht wahrgenommen, obwohl deine Leistungen besser sind. Deine Freunde heiraten, doch du bleibst auf der Strecke, obwohl du mehr dafür unternommen hast, eine Beziehung zu haben. Es kann Frust entstehen, wenn wir denken, es wäre für Gott doch einfach, dieses oder jenes zu ändern, uns zu heilen, uns eine Tür zu öffnen, uns dieses Verlangen nach Anerkennung wegzunehmen, uns von diesen Versuchungen zu befreien, uns neues Glück zu schenken oder uns das Kind zu geben, nach dem wir uns schon so lange sehnen.

Auch Paulus hatte einen unerfüllten Wunsch. Er schreibt über einen »Stachel«, von dem er nicht befreit wurde, obwohl er Gott dreimal darum gebeten hatte. Ein Leiden – wir wissen nicht, was es war –, das ihn seelisch und/oder körperlich belastete. Und Gott nahm es ihm nicht weg. Obwohl Paulus sein Leben für die Verbreitung von Gottes Botschaft einsetzte und verantwortlich ist für gut die Hälfte der Bücher des Neuen Testaments, erfüllte Gott ihm seinen Wunsch nicht.

Smith Wigglesworth war einer der größten Prediger, durch den Gott Ende des 19. Jahrhunderts wirkte und Tausende von ihren Krankheiten heilte. Er sah unzählige Wunder, welche Gott durch ihn tat, doch er selbst litt unter Nierensteinen. Manchmal erlebte er Gottesdienste, in denen Hunderte von ihren Leiden geheilt wurden nach seiner Predigt – doch er selbst konnte kaum noch gehen, weil seine Schmerzen so unerträglich waren.

Viele Männer und Frauen Gottes, die Gott gebraucht, um mit ihnen Geschichte zu schreiben und große Wunder zu tun, tragen einen unerfüllten Wunsch mit sich herum. Etwas, von dem sie sich wünschten, dass Gott es heilen, verändern oder wegnehmen würde. Doch Gott tut es nicht. Stattdessen sagte er zu Paulus und sagt er somit auch zu uns:

»Meine Gnade ist alles, was du brauchst, denn meine Kraft kommt gerade in der Schwachheit zur vollen Auswirkung.«

2. Korinther 12,9

Die Gnade Gottes ist alles, was wir brauchen. Gibt es etwas in deinem Leben, wovon du dir sehnlichst wünschst, dass es sich verändert? Eine Veränderung in deiner Beziehung, deinen Finanzen, deiner Gesundheit, deiner Seele, auf deiner Arbeit, oder bei Menschen, die dir nahestehen? Du hast Gott um ein Wunder gebeten, immer wieder, doch es ist nichts geschehen? Gib deine Hoffnung nicht auf! Und mach dir auch Folgendes bewusst: Gott hat dir die Gnade und Kraft gegeben, damit umzugehen. Gott hat dein Leiden nicht weggenommen, deine Situation nicht verändert, deine Krankheit nicht geheilt oder deinen Wunsch nicht erfüllt, weil er weiß, du schaffst das.

> Du bist stark genug, dir von dieser Herausforderung nicht die Freude und den Glauben rauben zu lassen.

Sage zu dir selbst:

»Ich lasse nicht zu, dass dieser Frust, dieser Widerspruch mir die Freude am Leben und den Glauben an Gott raubt. Gottes Gnade ist größer und seine Kraft wird mir helfen, mit dieser Herausforderung erfolgreich umzugehen. Ich behalte eine gute und positive Haltung. Ich lasse nicht zu, dass dieser Schmerz, dieser Kampf, diese Krankheit, diese Situation oder diese Versuchungen mich bitter werden lassen. Ich halte am Glauben an Gott fest und weiß, dass Gott dies zur richtigen Zeit in meinem Leben heilen und verändern wird. Doch selbst wenn es nicht geschieht, werde ich Gott weiterhin ehren und mit seiner Gnade das Beste aus der Situation herausholen.«

Gottes Gnade ist da.

Gottes Gnade ist da und egal, was dich frustriert und droht, dir die Freude und den Glauben zu rauben, gebrauche es nicht als Entschuldigung dafür, Gott loszulassen. **Halte dich vielmehr an der Gnade Gottes fest und erlebe, wie du Gottes Nähe und seinen Segen dadurch neu und tiefer erleben wirst**.

Ich leide jeden Frühling unter Heuschnupfen. Vor einigen Jahren begann ich deshalb, diese Zeit mit Nasentropfen zu überstehen. Doch irgendwann merkte ich, dass ich eigentlich seit mehr als einem Jahr nicht mehr frei bin von diesen Tropfen. Fast jeden Abend träufelte ich sie in meine Nase, da sie sonst immer zuschwoll. Da betete ich zu Gott und ehrlich, so ein schnelles Wunder hatte ich bis zu diesem Zeitpunkt noch nie erlebt! Wie auf einen Schlag wurde meine Nase frei und seither brauche ich diese Tropfen nur noch im absoluten Notfall.

Doch Gott ließ auch etwas stehen. Vom Heuschnupfen wurde ich, trotz Gebeten, trotz Glauben, trotz mehrmaligem Aussprechen der Kraft Gottes, bis heute nicht geheilt. Gott hat mich schon von so vielen Dingen befreit und geheilt – doch von meinem Heuschnupfen hat er mich bis heute nicht geheilt.

Was ich damit sagen will, ist Folgendes: Gott befreit uns von gewissen Dingen. Gott heilt und führt uns weiter. Doch in gewissen Bereichen unseres Lebens lässt er Dinge einfach so, wie sie sind, stehen. Er berührt sie nicht, er heilt sie nicht und er verändert sie nicht, damit wir nie vergessen, dass Gott es ist, der heilt! Und so sagt Gott auch zu dir:

> Egal, was dein unerfüllter Wunsch ist,
> hör auf zu kämpfen.

Hör auf, dir dadurch die Freude rauben zu lassen. Hör auf, dich ständig darauf zu fokussieren. Hör auf, dich daran zu stoßen und darüber zu stolpern. Hör auf, dich anzuklagen.

Halte dich einfach an Gott fest.

Wenn Gott dir etwas geben, dich verändern oder heilen will, wird er es tun, doch bis es soweit ist, sprich dir selbst Mut zu:

»Gott hat mein Leben in seiner Hand. Er weiß, was er tut und was ich mir von Herzen wünsche. Er sieht meine Situation und meine Kämpfe. Er kennt meine Ziele und meine Träume. Wenn er mich nicht heilt, nicht vorwärtsbringt oder meine Situation nicht verändert, dann hat dies seinen Grund. Ich halte weiterhin an meinen Wünschen fest. Doch Gott ist Gott und ich bin es nicht. Ich lasse mir die Freude am Leben nicht nehmen. Ich lasse mir den Glauben nicht rauben. Egal, wie die Situation in meinem Leben aussieht, ich bleibe bei Gott und werde meinen Lauf im Glauben erfolgreich beenden.«

Unter ihnen war ein Mann, der seit achtunddreißig Jahren krank war. Jesus sah ihn dort liegen, und es war ihm klar, dass er schon lange leidend war. ... Da sagte Jesus zu ihm: »Steh auf, nimm deine Matte und geh!« Im selben Augenblick war der Mann gesund; er nahm seine Matte und ging. *Johannes 5,5.8–9*

Joshua Earle, Unsplash

Bedingungsloses Vertrauen!

Es ist einfach, Gott zu vertrauen, wenn alles rundläuft in unserem Leben. Es ist einfach, Gott anzubeten und ihn zu loben, wenn unsere Kinder gesund sind und nie Probleme machen, wenn an unserem Arbeitsplatz alles super läuft, wir keine Kämpfe in unserem Leben haben und uns sowieso von allem mehr als genug zur Verfügung steht. Doch was machen wir, wenn Gebete unbeantwortet bleiben, es nicht so läuft, wie wir uns vorstellen, die Probleme sich nicht zu verändern scheinen und wir Gottes Segen nicht erleben?

Oftmals sind wir dann frustriert und denken: »Wenn sich doch nur diese Situation verändern würde, dann könnte ich wieder glücklich sein. Wenn ich die richtige Person kennenlernen würde, dann wäre alles gut. Wenn wir endlich unser langersehntes Baby bekämen, dann könnten wir uns wieder freuen.« Diese Haltung kann man auch mit ›vorbehaltlichem Glauben‹ betiteln: Wir glauben nur dann, wenn Gott ein Wunder tut, wenn er uns gibt, was wir uns wünschen, und uns segnet.

Doch Gott sucht unseren bedingungslosen Glauben.

Bedingungsloser Glaube glaubt, auch wenn Wünsche unerfüllt bleiben, die langersehnte Heilung auf sich warten lässt oder

Veränderung und Durchbrüche nicht zu kommen scheinen. Auch wenn Situationen in unserem Leben keinen Sinn ergeben und unsere Fragen unbeantwortet bleiben, halten wir an Gott fest. Wir lassen uns die Freude nicht rauben und vertrauen weiterhin, dass Gott noch einen Weg für uns bereithält und unser Bestes im Sinn hat.

Die Frau eines Pastors wurde eines Tages mit der Diagnose Krebs überrascht. Die Ärzte sagten ihr, dass sie keine Heilungschancen mehr habe und an dieser Krankheit sterben werde. Sie ging nach Hause und die ganze Familie betete für Heilung. Sie sprachen alle Zusagen der Heilung aus der Bibel über sie aus und die Frau kämpfte gegen diese Krankheit an. Ein paar Wochen später, als sie wieder zum Arzt ging, war der Krebs verschwunden. Gott hatte sie geheilt. Bei ihrem Mann hingegen, wurde bald darauf eine Blutkrankheit festgestellt. Die Nebenwirkungen der Tabletten machten ihn müde und schlechtgelaunt. Doch er diente weiterhin den Menschen, betete für andere und führte viele Menschen zum Glauben an Jesus Christus. Gleichzeitig kämpfte er gegen seine Krankheit und die Nebenwirkungen der Medikamente – und schien den Kampf zu verlieren. Der Sohn sagte über seinen Vater:

»Ich habe nie gehört, wie sich mein Vater beklagt hätte. Seine Haltung war, dass er immer das Beste für Gott geben will, ob er jetzt gesund ist oder nicht. Er hat sich entschieden, den Menschen in seinem Umfeld zu dienen. Egal, ob Gott diese Krankheit wegnimmt oder nicht.«

Manchmal konnte der Pastor wegen der Medikamente nächtelang nicht schlafen und trotzdem predigte er Sonntag für Sonntag, blieb positiv und ehrte Gott weiterhin. Irgendwann ging es ihm so schlecht, dass es so aussah, als würde er bald sterben. Die ganze Familie betete – mit noch mehr Glauben als einige Jahre zuvor bei der Mutter, seiner Frau, die ja geheilt worden war. Sie proklamierten Bibelverse und beteten, aber nichts geschah, der Prediger erlag seiner Blutkrankheit.

Diese Familie ist bis heute ein großes Vorbild für mich. Die Witwe betet noch heute, im hohen Alter, jede Woche für Menschen, obwohl sie ihren Mann so früh verloren hat. Sie betet für Heilung, sie glaubt an Wunder, sie betet stellvertretend, wo andere keinen Glauben mehr haben, und erlebt, wie Woche für Woche Menschen die Kraft Gottes erleben und geheilt werden. Dies könnte man auch bedingungsloses Vertrauen nennen.

> Wir halten an Gott fest und glauben weiterhin an seine Kraft, auch an seine Heilungskraft, selbst wenn nicht immer alles so ausgeht, wie wir uns wünschen oder vorstellen.

Denn letzten Endes liegt es nie in unserer Hand. Unser Auftrag hingegen ist, zu glauben, weiterhin zu hoffen und unser Vertrauen in einen Gott, der Wunder tun kann, nie aufzugeben.

Diese Geschichte wurde auch für mich zu einem wichtigen Begleiter, als ich selber eine Blutkrankheit bekam. Wir waren als Familie in den Sommerferien, als mich plötzlich ein Nasenbluten überkam, das nicht mehr zu stoppen war. So landeten wir in der Notaufnahme in diesem fremden Land. Dort wurde eine Blutkrankheit diagnostiziert und dann später zu Hause von den Ärzten bestätigt. Ich musste Tabletten schlucken, deren Nebenwirkungen so extrem waren, dass ich Mühe hatte, zu schlafen, und so folgten viele schlaflose Nächte. Ich hatte Hungerattacken und fühlte mich eigentlich nie satt. Tagsüber war ich müde, konnte mich kaum konzentrieren und war dadurch sehr eingeschränkt. Trotzdem hatte ich das Gefühl, dass ich die wichtigsten Dinge meiner Arbeit wie das Predigen am Sonntag, das Blogschreiben und das Dasein für Menschen nicht aufgeben sollte. So reduzierte ich mein Arbeitspensum aufs Notwendigste und predigte weiterhin jeden Sonntag. Nebenbei betete ich und glaubte daran, dass Gott ein Wunder tun kann. Was er schließlich auch tat. Nach ein paar Monaten heilte mich Gott von meiner Krankheit. Die Krankheit, die mich so plötzlich überrascht hatte, verschwand wieder.

Sage nicht mehr zu dir (und zu Gott): »Ich werde erst glücklich sein, wenn ich mein Haus habe, wenn meine Ehe wieder rundläuft, ich einen neuen Job finde oder die Heilung erlebe!« Es ist wichtig, dass wir ehrlich sind und alle unsere Wünsche bei Gott deponieren.

> Gib die Hoffnung auf ein Wunder
> nie auf und sehne dich nach mehr.

Ansonsten wirst du dieses ›Mehr‹ in deinem Leben nie erleben. Aber: mach deinen Lebensinhalt, deinen Glauben und deine Beziehung zu Gott nicht von der Erfüllung deiner Sehnsüchte oder dem nächsten Wunder abhängig. Vertraue stattdessen Gott, auch wenn alles ganz anders kommt, als du es erwartet oder dir vorgestellt hast.

Dies lesen wir auch in der biblischen Geschichte von den drei hebräischen Freunden. Sie wurden aufgefordert, vor einem goldenen Götzenstandbild niederzuknien und es wie einen Gott anzubeten. Sie entschieden sich aber dagegen. Die Konsequenz war, dass man sie in den Feuerofen warf. Doch verbrannten sie in diesem Inferno nicht, denn ein Engel kam und schützte sie. Bevor sie in den Ofen geworfen wurden, sagten sie:

> **»Unser Gott, dem wir gehorchen, kann uns zwar aus dem glühenden Ofen und aus deiner Gewalt retten; aber auch wenn er das nicht tut: Deinen Gott werden wir niemals verehren und das goldene Standbild, das du errichtet hast, werden wir nicht anbeten.«** *Daniel 3,17–18* GNB

Sag auch du:

»Ich glaube daran, dass Gott mir helfen, mich heilen und weiterführen kann. Ich glaube daran, dass Gott mehr mit mir in meinem Leben tun will. Doch sollte sich nichts in meinem Leben verändern, werde ich nicht bitter. Ich verliere meine Freude nicht. Ich weiß, mein Gott sitzt immer noch auf dem Thron. Er hat das letzte Wort, und das wird ein gutes sein.«

Die drei Freunde aus der Geschichte, die im biblischen Buch Daniel steht, bestanden den Test. Der König hatte sie herausgefordert, sich vor einem fremden Gott zu verneigen, und sie widerstanden ihm. Sie bewiesen ihr tiefes Vertrauen gegenüber Gott, und Gott rettete sie aus dem feurigen Ofen, in den sie aufgrund der Befehlsverweigerung geworfen wurden.

Abraham, ein weiterer Mann aus der Bibel, sehnte sich sehr lange Zeit danach, einen Sohn zu bekommen. Gott schenkte ihm und seiner Frau nach 25 Jahren des Wartens endlich das langersehnte Kind. Doch dann forderte Gott ihn heraus, den Sohn auf einen Steinaltar zu legen, um ihn als Opfer darzubringen. Das alles ergab für Abraham überhaupt keinen Sinn. Warum musste er so lange auf das Kind warten, nur um es dann wieder Gott zurückzugeben? Doch er vertraute Gott und war bereit, seinen Sohn wieder loszulassen. Kurz vor dem Vollenden des Opfers stoppte Gott ihn und sagte: »Abraham, mach es nicht. Jetzt sehe ich, du vertraust mir mehr als allem anderen.« Daraufhin gab Gott ihm nicht nur den Sohn zurück, sondern segnete ihn mit Abertausenden von Nachkommen.

Dieser Segen ist bis heute sichtbar.

So wie bei Abraham oder auch bei vielen weiteren Männern und Frauen aus der Bibel testet Gott hier und da unser Vertrauen. Manchmal fordert er uns heraus, ihm unsere Träume, Vorstellungen und Wünsche einfach hinzugeben und sie quasi zu opfern. Sind wir bereit, loszulassen? Sind wir bereit, uns von unseren Vorstellungen zu lösen? Sind wir bereit, Gott bedingungslos zu vertrauen? Tust du weiterhin das Richtige, auch wenn es dich etwas kostet?

Vertraust du Gott, wenn die Situation anders ist, als du dir vorgestellt hast?

Mach es wie Abraham oder wie die Jungs aus der Geschichte in Daniel. Bestehe den Test und halte trotz Herausforderung, trotz unerfüllten Wünschen, trotz Kämpfen an Gott fest. Gott wird nicht nur deine Treue belohnen, sondern dir mehr zurückgeben, als du ihm durch dein Vertrauen in seine Hände gelegt hast. Denk daran, Gott hat dein Leben in seiner Hand, auch wenn du nicht alles verstehst, was du im Moment durchmachen musst. Gott sieht dein bedingungsloses Vertrauen und wie du ihn weiterhin ehrst, weiterhin anderen dienst und am Glauben festhältst. Ich bin überzeugt, dass dir diese Haltung neuen Segen bringen und neue Türen öffnen wird. Gott wird all das Negative, worin du dich heute befindest, nehmen, und es in etwas Gutes verwandeln, weil du ihm weiterhin vertraut hast.

Wenn die Hoffnung, die Christus uns gegeben hat, nicht über das Leben in der jetzigen Welt hinausreicht, sind wir bedauernswerter als alle anderen Menschen. Doch es verhält sich ja ganz anders: Christus ist von den Toten auferstanden! Er ist der Erste, den Gott auferweckt hat, und seine Auferstehung gibt uns die Gewähr, dass auch die, die im Glauben an ihn gestorben sind, auferstehen werden. *1. Korinther 15,19–20*

Nick Bondarev, Pexels

PART 4

GEGENWIND

»Und auch wenn wir Probleme haben, auch wenn wir Gegenwind zu spüren bekommen, müssen wir darauf vertrauen, dass Gott schon die Antwort hat. Mit anderen Worten: Das Problem ist keine Überraschung für Gott. Das Kind, das Schwierigkeiten macht. Die finanzielle Krise. Die Einsamkeit. All das überrascht Gott nicht. Er hat bereits die Antwort. Er weiß von Anfang an, worauf es hinausläuft. Er kennt jede Schwierigkeit, die wir jemals durchmachen werden. Die gute Nachricht ist: Gott hat bereits die Lösung. Er hat schon für einen Ausweg gesorgt. Das sagt mir, dass wir ohne Angst, Stress und Sorgen durchs Leben gehen können. Gott hat alles unter Kontrolle.«

Joel Osteen

aus »In dir steckt mehr!«, S. 343

Nutze deinen Schmerz

Schmerz gehört zum Leben einfach dazu. Jeder von uns geht durch schwere Zeiten. Ob Rückschläge, Trennungen oder Verluste – wir durchleben Phasen, die wir nicht verstehen. Und wenn wir nicht vorsichtig sind, bringt uns dieser Schmerz zum Stillstand. Lerne deshalb, schwere Zeiten zu nutzen, und entdecke, wie der Rückschlag, Schicksalsschlag, Fehler, Verlust oder die Trennung zu einer neuen Chance für dein Leben wird.

In der Bibel lesen wir, dass wir alle – sobald wir uns entschieden haben, an Gott zu glauben – Gottes Kinder sind und er immer unser Bestes im Sinn hat. Mit jedem Schmerz, den Gott zulässt, will er etwas Neues und Besseres in unserem Leben hervorbringen. Auch wenn Dinge im Moment keinen Sinn machen, du sie nicht verstehst und du durch eine schmerzvolle Phase gehen musst, denk daran:

Gott hat dein Leben in seiner Hand.

Gott hat einen Plan und er will immer das Beste für dich.

Man kann es mit einem Puzzle vergleichen: Beim Zusammensetzen eines Puzzles passiert es oft, dass man ein Puzzleteil nimmt und es einzusetzen versucht, es aber einfach nicht passen will. Du schaust das Teil an und dieser kleine Ausschnitt, der noch fehlt, um den Sonnenuntergang zu vervollständigen, macht in deinen Augen keinen Sinn.

Er passt einfach nicht zu dem schwarzen Puzzleteil, das du gerade in der Hand hältst. Widerwillig legst du es zur Seite und versuchst es mit dem nächsten Teil. Da liegt es nun, dieses kleine schwarze Puzzleteil, das nicht passt, und es wartet, bis es so weit ist und es doch noch seinen Platz bekommt. Nach vielen weiteren eingesetzten Teilen ist dann endlich seine Zeit gekommen und es vervollständigt das schöne Bild eines Sonnenuntergangs. Du schaust das ganze Bild an und staunst über die Schönheit der Natur Gottes. Doch sei ehrlich: Ohne dunkle Teile kämen die Farben und die Schönheit des Sonnenuntergangs nie zur Geltung.

Ähnlich ist es in unserem Leben. Manchmal machen Situationen im Moment einfach keinen Sinn. Wir stellen uns Fragen wie: »Warum musste ich diese geliebte Person so früh verlieren?« »Warum muss ich diese Scheidung durchmachen?« »Warum muss ich gegen diese Krankheit, Schwäche, Not oder Versuchung ankämpfen?« Auch wenn es sinnlos erscheint und schwer ist, Gott hat es im Griff. Lerne deshalb, ihm auch in den schmerzvollen Zeiten zu vertrauen. In Zeiten, wenn Puzzleteile auftauchen, die im Moment weder passend noch sinnvoll scheinen.

Wenn Gott Schmerzen zulässt,
dann nicht, um uns zu strafen,
uns zu quälen oder uns in
die Irre zu führen.
Vielmehr möchte er uns
dadurch weiterführen.
Michael Podger/Unsplash

Gott hat uns nie versprochen, dass wir immer alles verstehen, nie Schmerzen erleiden werden, nie enttäuscht sind oder nie gegen Dinge ankämpfen müssen. Aber er verspricht uns, dass schlussendlich alles – alle Situationen, Schmerzen, Herausforderungen und Fragen – zu unserem Besten dienen werden! Wenn alle Teile zusammenkommen, macht auch das dunkle, scheinbar sinnlose Teil Sinn und wird gebraucht, um das Bild zu vervollständigen.

Kanye West, ein US-Rapper, der zum Glauben an Jesus fand, hat etwas Interessantes dazu gesagt:

> **»Gott hatte immer einen Plan für mich. Familienangehörige haben für mich gebetet, aber ich habe mir nichts sagen lassen. Schließlich hat Gott das Verlangen nach ihm in mein Herz gelegt. Als Menschen können wir nichts perfekt machen. Gott ist der Einzige, der perfekt ist. Das Einzige, was perfekt ist, ist Gottes Plan.«**
> *aus ›Pro – Christliches Medienmagazin‹, 10/2019*

Wenn Gott Schmerzen zulässt, dann nicht, um uns zu strafen, uns zu quälen oder uns in die Irre zu führen. Vielmehr möchte er uns dadurch weiterführen. Auch wenn wir es nicht verstehen und wir nie eine Antwort auf unsere ›Warums‹ bekommen, dürfen wir doch wissen: Gott hat es erlaubt und es zugelassen, weil er etwas Gutes daraus entstehen lassen will. Genau in solchen Situationen kommt unser Glaube ins Spiel. Wir sagen zu Gott:

»Ich hasse diesen Schmerz. Ich hasse es, wie ich immer wieder über diese Versuchung stolpere. Ich mag meine Krankheit nicht. All die Fragen und die Dunkelheit in meinem Leben, ich verstehe sie nicht. Aber ich glaube an dich. Ich vertraue dir trotzdem und weiß: Du hast alles in deiner Hand. Du hast es unter Kontrolle und behältst den Überblick. Ich werde mit dir zusammen diese Zeit nicht nur überleben, überstehen oder überwinden, sondern ich werde durch diese Situation auch wachsen. Ich werde stärker, ich werde neue Gaben und neuen Segen entdecken. Ich weiß, dass dieser Schmerz mich zu meinem nächsten Sieg führen wird.«

Sogar wenn wir an unserer misslichen Lage selbst schuld sind, wenn wir Schmerzen durchleben müssen, weil wir es selbst verbockt haben, ist Gott da. Seine Gnade will uns helfen und uns durch den ganzen Prozess führen, sodass wir besser und stärker aus dem durchlebten Verlust, der selbstverschuldeten Misere oder den angehäuften Schulden herauskommen. Doch damit dies geschehen kann, müssen wir offen sein, erkennen zu wollen, was Gott uns dadurch aufzeigen oder vermitteln möchte. **Dabei spielt es keine Rolle, ob wir nun in etwas hineingeschlittert sind, für das wir gar nichts können, ob wir ungerecht behandelt werden, einen schweren Schicksalsschlag erleben oder es selbst verschuldet haben.**

Darum möchte ich dich ermutigen:

Bleibe in deinem Schmerz nicht stehen!

Dies erlebten wir auch, als wir unser Restaurant vor lauter Schulden fast an die Wand fuhren. Es wurde von Woche zu Woche schlimmer und wir waren in einer Art Abwärtsspirale gefangen, bis wir die Notbremse zogen, stoppten und nochmal neu anfingen. Doch bevor wir uns erneut ins Abenteuer Restaurant stürzten, stellte ich mir drei Fragen:

1. Was habe ich falsch gemacht?

Gute Frage, eigentlich ganz viel. Wir hatten zu früh eröffnet, hatten zu wenige finanzielle Sicherheiten, zu lange Öffnungszeiten und einen zu naiven Glauben. Dann ließen wir es zu lange einfach laufen, statt schon früher Konsequenzen zu ziehen.

2. Was will Gott mir dadurch zeigen?

Wir lernten, auf das zu vertrauen, was Gott uns aufs Herz legt, und nicht die Meinung von Experten höher zu gewichten. Experten hatten uns geraten, sofort zu eröffnen und das Restaurant jeden Tag von morgens bis abends geöffnet zu halten. Obwohl wir das Gefühl hatten, wir sollten langsam beginnen und nicht alles auf einmal eröffnen, hörten wir auf jene Leute. Nachdem wir die Notbremse gezogen hatten, fragten wir uns auch, ob es vielleicht doch falsch gewesen war, als Kirche ein Restaurant zu eröffnen. Doch trotz Herausforderungen, Schulden und vieler Fragen ließ das Gefühl nicht nach, dass das Restaurant Gottes Wille war.

Ich erinnere mich noch gut, wie meine Frau und ich einmal zusammen mit anderen beteten und eine außenstehende Person, die keine Ahnung hatte, in was für einer Situation wir uns befanden, einen Eindruck hatte. Sie sah unser Restaurant als einen Diamanten. Etwas, das in das Emmental hinaus leuchten und viele Menschen anziehen würde. Sie sah, wie unser Restaurant zu einem Ort würde, wo die Menschen gern hinkämen, positive Gemeinschaft erlebten, in einer exzellenten Umgebung auftanken könnten, Ruhe fänden und wieder neue Kraft für ihren Alltag schöpfen würden. Die Person hatte den Eindruck, dass das Restaurant zu einem wichtigen Teil unserer Kirche werden würde. Dadurch bestätigte sich für uns, was wir ohnehin schon spürten: Gott will dieses Restaurant.

Und zum Glück gaben wir nicht auf, sondern starteten das Abenteuer nochmal! Denn heute ist das Restaurant wirklich ein Ort, der leuchtet und Menschen anzieht, ein Ort der Gemeinschaft, Inspiration und Erholung.

3. Was kann ich daraus lernen?

Die nächste Frage war, wie wir jetzt fortfahren würden. Was können wir aus den Fehlern lernen? Wie machen wir es diesmal richtig? Vieles hatten wir vorher richtig gemacht, vieles aber auch nicht. So änderten wir das, was nicht gut lief, und nahmen all unsere Kraft als ganze Kirche zusammen und starteten das Abenteuer nochmals.

Egal, in was ich in meinem Leben hineinrassle, was nicht gut läuft, welche Fehler ich mache – wenn ich den Mut finde und mich diesen drei Fragen stelle, helfen sie mir nicht nur, innezuhalten, sondern auch, mich neu zu fokussieren und herauszufinden, wie es weitergehen soll.

Wenn Dinge in deinem Leben nicht so laufen, wie du dir vorstellst, dann nimm dir Zeit, stelle dich diesen Fragen und mache nicht nochmal dieselben Fehler. So wirst auch du erleben, wie sich deine Herausforderungen, Probleme und Nöte in Siege für dich verwandeln. Du wirst erleben, wie neuer Segen auf dich wartet. Keine schmerzvolle Situation, die uns überrascht, ist für Gott eine Überraschung, und mit ihm zusammen werden wir die Antworten finden, die nötig sind, um in unserem Leben erfolgreich weiterzugehen.

Inmitten der Probleme, Nöte und Herausforderungen in unserem Leben wartet neuer Segen auf uns.

Der neue Segen kann zum Beispiel in Form einer Idee oder in Form von Heilung in unser Leben kommen. Doch wir müssen lernen, unseren Schmerz zu nutzen und uns von Gott dabei helfen zu lassen.

Jeder Schmerz, jede Dunkelheit, die Gott in unserem Leben zulässt, ist dazu da, uns etwas aufzuzeigen, uns stärker werden zu lassen oder unseren Glauben zu testen.

> Jede schmerzvolle Situation enthält
> eine Lektion fürs Leben.
> Darum nutze deinen Schmerz.

Nutze deinen Schmerz, damit du weiterkommst. Nutze ihn, damit du neuen Segen entdecken kannst. Nutze ihn, damit du zu einem größeren Segen für andere werden kannst.

Lass nicht zu, dass der Schmerz dich zum Stillstand bringt, sondern benutze ihn als Sprungbrett für das nächste Level in deinem Leben.

Bitter zu werden, stehenzubleiben, sich in seinen Warum-Fragen im Kreis zu drehen und nicht mehr vorwärts zu gehen, ist einfach. Das kann jeder. Doch im Schmerz mit Gott zusammen neue Chancen, neuen Segen und neue Freude zu entdecken, das ist Glaube. Dieser Glaube schlummert in uns und Gott möchte ihn mit uns zusammen hervorholen. Darum entdecke die Chancen in deinen Herausforderungen und nutze den Schmerz, um deinen nächsten Sieg zu erreichen. Hör auf, dich zu beklagen, und suche stattdessen Gott und das, was er dir durch deine Not zeigen oder dir sagen möchte.

Wenn wir herausfinden, warum Gott diesen Schmerz zugelassen hat, finden wir auch den nächsten Schritt zurück ins Leben, zurück in den Segen. Bleiben wir jedoch stehen und suchen einen Schuldigen, werden sich die Situationen, Probleme und Trennungen so lange wiederholen, bis wir endlich bereit sind, etwas daraus zu lernen. Darum sei kein Dickkopf, der immer wieder in dieselben Situationen hineingerät und dabei Gott, dem Leben oder anderen die Schuld gibt. Halte stattdessen an. Suche Gott in deinem Schmerz und versuche herauszufinden, was er dir dadurch zeigen möchte, und du wirst den Schmerz nutzen, um deinen nächsten Segen zu entdecken.

Du wirst dein Lachen wiederfinden und schlussendlich besser, stärker und fröhlicher im Leben unterwegs sein. Gott lässt zu, dass du manchmal in unangenehme Situationen gerätst, um bestimmte Charakterschwächen auszumerzen. Du kannst den Problemen gebieten, bis du heiser wirst. Du kannst binden, du kannst lösen, du kannst singen und schreien, du kannst das volle Programm abspulen, aber das wird dir überhaupt nichts nützen!

> Gott ist viel mehr daran interessiert, **dich** zu verändern als deine Umstände.

Und je eher du lernst, mit ihm zusammenzuarbeiten, desto schneller wirst du die Probleme hinter dir lassen.

Nick Bondarev / Pexels

Denn ein Schmerz, wie Gott ihn haben will, bringt eine Umkehr hervor, die zur Rettung führt und die man nie bereut. Der Schmerz hingegen, den die Welt empfindet, bewirkt den Tod. *2. Korinther 7,10*

Gesegnet durch deine Feinde

Gott kann und will uns segnen. Er kann uns mit seiner Gunst begegnen, uns weiterbringen, uns heilen, uns neue Türen öffnen und uns wohlgesinnte Menschen über den Weg führen, die zum Segen für uns werden. Gott kann sogar unsere Feinde dazu gebrauchen, uns zu segnen. Eine Enttäuschung, eine geschlossene Tür oder auch Menschen, die gegen dich sind oder dir sogar schaden, können durch Gottes Pläne zu einem Segen für dich werden. Gott kann diese Umstände gebrauchen, um dich ins nächste Level deines Lebens zu führen.

Dies entdecken wir auch in Davids Geschichte. David, der einfache Hirtenjunge, hört, wie Goliat, ein Feind seines Volkes, Gott und das Volk Gottes verhöhnt. Kurzerhand steht er auf, stellt sich Goliat im Zweikampf und gewinnt diesen. Dieser Sieg öffnet ihm die Türen zum Hof seines Königs.

> **Saul hatte zugesehen, wie David dem Philister entgegenging, und er hatte seinen Heerführer Abner gefragt: »Wer ist der Bursche eigentlich?« »Ich habe keine Ahnung, mein König«, erwiderte Abner. … Als dann David nach seinem Sieg ins Lager zurückkam, führte Abner ihn zum König. David hielt noch den Kopf des Philisters in der Hand. … Saul behielt David von da an bei sich und ließ ihn nicht mehr zu seiner Familie zurückkehren.**
> *Aus 1. Samuel 17,55–18,2* GNB

Saul beobachtete David, der sich seinem Feind stellte.

David zeigte Mut, was Saul nicht entging. Hätte er sich seinem Feind nicht gestellt, hätte ihn Saul gar nicht wahrgenommen. Auch wir werden beobachtet. Menschen nehmen uns wahr, wenn wir uns unseren Feinden stellen, mutig sind, aufstehen und unsere Stimme erheben. Feinde, die Gott in unserem Leben zulässt, sind nicht dazu da, um uns zu besiegen, sondern um uns weiterzubringen.

Von diesem Tag an, nachdem Saul gesehen hatte, wie David Goliat besiegte, behielt er ihn an seinem Königshof und David landete quasi von heute auf morgen in einer total anderen Welt. Und dies nur, weil er sich seinem Feind gestellt hatte. Gott verfolgte mit Goliat eine strategische Absicht, welche David als Vorbereitung für seine Berufung diente. **Gott gebrauchte Goliat, um David an den Hof des Königs zu bringen, damit er später einmal König werden könnte.**

Gott benutzt auch unsere Feinde, um uns weiterzubringen. Wenn Menschen gegen dich sind, dir schaden wollen und hinter deinem Rücken Pläne gegen dich schmieden, lass dir die Freude am Leben und an Gott nicht nehmen. Denk daran: Gott hat dein Leben in seiner Hand, und wenn er etwas zugelassen hat, verfolgt er einen Plan damit.

> Die Goliats in deinem Leben sind nicht dazu da, dir zu schaden, dich zu besiegen und dir deine Kraft zu rauben, sondern um dich auf ein neues Level zu bringen.

Feinde können dank Gott zu einem Segen werden.

Ich erinnere mich noch gut daran, wie wir uns entschieden, eine neue Kirche hier auf dem Land zu bauen. Wir, eine Handvoll Leute, hatten denselben Traum: wir wollten eine große Kirche, eine Kirche am Puls der Zeit, modern, mit einer Sprache, die die Menschen verstehen, nicht verstaubt, sondern lebendig und gefüllt mit vielen Menschen, die zusammenkommen, um Gott anzubeten und ihn zu feiern. Doch nicht alle meine Freunde fanden diesen Traum gut. Menschen sagten zu mir: »Vergiss es, Könu. Eine solche Kirche, wie du sie dir vorstellst, will niemand besuchen. Das funktioniert hier auf dem Land nicht.«

Sie waren wie Goliats, die Gott in mein Leben gestellt hatte. Jedes Mal, wenn jemand mir diesen Traum auszureden versuchte, spürte ich, wie sich eine umso größere Motivation in mir bemerkbar machte. Eine Motivation, das angeblich Unmögliche zu wagen und all den Kritikern und Neinsagern zu zeigen, dass es mit Gott zusammen doch möglich ist. Und jedes Mal, wenn ich müde war und in Gefahr stand, den Traum aufzugeben, kam diese heilige Leidenschaft in mir auf und ich erinnerte mich selbst daran: »Nein, wir geben nicht auf. Wir bleiben dran, und alle werden sehen, dass unserem Gott nichts unmöglich ist.«

Gott erlaubt den Kritikern, den Menschen, die dich meiden, die dich entmutigen und dir den Glauben rauben wollen, in dein Leben zu kommen, nur damit wieder eine neue Leidenschaft in dir geweckt wird. Eine Leidenschaft, dranzubleiben. Nicht aufzugeben. Damit deine Gegner nicht Recht bekommen und du ihnen stattdessen das Gegenteil beweisen kannst.

Feinde können dank Gott zu einem Segen werden. Deshalb lass dich nicht entmutigen, wenn Menschen gegen dich sind, sondern vertraue Gott und finde eine neue Motivation und Leidenschaft in dir, um dranzubleiben. Habe den Mut, an deiner Ehe festzuhalten, auch wenn alle sagen, dass es nicht geht. Wage es, deinen Traum nicht aufzugeben, auch wenn sich anscheinend alles gegen dich verschworen hat. Gott wird dich durch deine Goliats weiterführen, an deinen ›Hof des Königs‹, wo er dir die nächsten Türen öffnen wird.

Dieses Prinzip sehen wir auch im Leben von Jesus. Jesus nimmt das letzte Mahl mit seinen Jüngern, bevor er am Kreuz für uns Menschen sterben wird. Und was dann geschieht, lesen wir hier:

> **»Ich werde ein Stück Brot in die Schüssel tauchen«, antwortete Jesus, »und der, dem ich es gebe, der ist es.« Er nahm ein Stück Brot, tauchte es in die Schüssel und gab es Judas, dem Sohn von Simon Iskariot. Sowie Judas das Brotstück genommen hatte, ergriff der Satan Besitz von ihm. Da sagte Jesus zu Judas: »Tu das, was du vorhast, bald!«**
> *Johannes 13,26–27*

Damit Jesus für uns sterben konnte, brauchte es einen ›Judas‹, einen Verräter. Gott wusste natürlich, dass Judas Jesus verraten würde. Und man könnte sagen, kein Jünger hat etwas derart Wichtiges und Prägendes getan wie Judas. Ohne Judas wäre Jesus nicht verraten und nicht ans Kreuz genagelt worden. Wäre dies nicht geschehen, hätte Jesus auch nicht für unsere Sünden sterben können und nach drei Tagen den Tod besiegen und wieder von den Toten zurückkommen können. Ohne Judas keinen Tod und keine Auferstehung von Jesus. Ohne die Auferstehung wären wir alle nicht von unseren Sünden erlöst worden und hätten keinen freien Zugang zur Gnade und somit auch nicht zu Gott. Wir alle würden immer noch herumirren, geplagt von unseren Fragen, Nöten und der Last unserer Fehler. Niemand würde Freiheit erfahren, noch würde irgendjemand erkennen, was Gott mit ihm vorhat, Gottes Träume entdecken und ein Leben im vollen Segen führen können. So ist es auch mit den Feinden in deinem Leben:

> Wenn Gott einen ›Judas‹ in deinem Leben zulässt, dann verfolgt er damit einen Plan.

Darum beklage dich nicht mehr über die Person, die dich betrogen hat. Menschen, die dich verlassen, sind kein Rückschlag, sondern machen Platz für neue Freundschaften in deinem Leben. Auch wenn Menschen dich betrügen, dich hintergehen und dir schaden, lass dich nicht entmutigen. Nichts geschieht einfach so. **Gott hat dein Leben in seiner Hand, und wenn er etwas zulässt, dann nur, damit er es zu deinem Besten und für deinen nächsten Sieg gebrauchen kann.**

Jesus wusste, dass Judas ihn verraten würde. Er versuchte nicht, ihn davon abzuhalten. Wir lesen sogar, wie er ihn ermutigte, den Verrat nun zu begehen: »Tu das, was du vorhast, bald!« Jesus wusste, dieser Verrat gehört zum Plan. Er nahm sein Schicksal an, und dieser Verrat führte letzten Endes zum größten Sieg in der Geschichte der Menschheit. Hör deshalb auf, deine Feinde zu bekämpfen. Lass Menschen los, die dich hintergehen. Lass die Menschen ziehen, die dir schaden.

Nichts in deinem Leben geschieht einfach so.

Gott hat einen Plan, und er wird deinen ›Judas‹ nur dazu gebrauchen, um dich zum nächsten Segen in deinem Leben, zu deinem nächsten Durchbruch zu führen.

Gehen wir nochmals zu David zurück, welcher in einem seiner Psalmen schreibt:

> **So lautet der Ausspruch des Herrn an meinen Herrn: »Setze dich an meine rechte Seite, bis ich deine Feinde zum Schemel für deine Füße gemacht habe!«**
> *Psalm 110,1*

Gott wird unsere Feinde sogar als Fußschemel für den Schritt ins nächste Level unseres Lebens gebrauchen. Gott will uns durch uns übel gesinnte Menschen weiterbringen und uns an neue Orte führen. Wenn wir es schaffen, Herausforderungen und negative Situationen in unserem Leben willkommen zu heißen, unseren Feinden zu vergeben und Verletzungen loszulassen, wird alles, was uns schaden wollte, zu unserem Fußschemel und wir können den nächsten Segen in unserem Leben entdecken.

Jesus ließ sich also verraten und wehrte sich nicht gegen das, was ihm widerfuhr. An einem Freitag wurde er dann gekreuzigt. Er war einem unglaublichen Schmerz, einer nie dagewesenen Belastung und großem Druck ausgesetzt. Am Samstag wurde Jesus ins Grab gelegt und alles sah hoffnungslos aus. Alle dachten, dass es jetzt vorbei sei. Doch Sonntagmorgen überwand Jesus den Tod und kam aus dem Grab heraus zurück ins Leben.

Der Tod konnte ihn nicht festhalten, der Druck konnte ihn nicht besiegen. Auch wenn du dich fühlst, als wäre alles aus, wenn Druck dein Leben zu einer riesigen Belastung macht, denk daran:

Gott ist auf deiner Seite.

Der Sonntag wird kommen. Dieselbe Auferstehungskraft, die Jesus von den Toten zurück ins Leben geholt hat, lebt in dir. Dieser Feind wird dich nicht besiegen, diese Neinsager werden nicht Recht bekommen, dieser Druck wird dich nicht zerquetschen. Halte an deinem Glauben an Gott fest. Tue das, was richtig ist, und Gott wird deine Feinde gebrauchen, um dich zu segnen. Auch wenn du vielleicht gerade einen ›Freitag‹ erlebst, der Sonntag wird kommen. Du wirst stärker, gesünder, besser, fröhlicher und befreiter aus dieser Situation herauskommen, weil Gott auf deiner Seite ist.

> **Wirf all deine Last auf den Herrn! Er wird dich sicher halten. Niemals lässt er den zu Fall kommen, der nach Gottes Willen lebt.** *Psalm 55,23*

Im Stich gelassen, aber nicht vergessen

Wir alle erleben Zeiten, die einfach nicht fair sind. Zeiten, in denen wir uns im Stich gelassen fühlen. Zeiten, in denen wir hintergangen und ungerecht behandelt werden. Wir werden vergessen, gemieden oder übergangen. Es kommt auch vor, dass Menschen uns schaden – bewusst oder unbewusst.

Wir kämpfen mit Depressionen, Angstzuständen, seelischen Verletzungen und Nöten, nur weil Menschen uns Leid zugefügt haben. Da sind wir nun: Vergessen und nicht wahrgenommen versuchen wir, unser Leben wieder auf die Reihe zu kriegen. Doch ich möchte dir versichern: **Egal, was du alles durchmachen und durchleben musst, Gott hat dich nicht vergessen! Dieser Zerbruch, diese Ungerechtigkeit, dieser Fehler, der dir unterlaufen ist, diese Krankheit, dieser Missbrauch, diese Sucht, diese Angst – egal, worum es geht, dies ist nicht das Ende deiner Story.** Du hast eine Beziehung zu Gott und er hat dich nicht vergessen!

Es gab einen Nachkommen Sauls, der sich – wie vielleicht auch du dich – im Stich gelassen fühlte. Saul war der König, der David nicht nur an den Königshof holte, sondern ihn später auch verfolgte und töten wollte. Doch dann fiel Saul zusammen mit seinem Sohn Jonatan in einer Schlacht und David kam auf den Thron. Eigentlich hätte er jetzt all die Nachkommen von Saul ermorden oder sie zumindest vergessen sollen.

> **Eines Tages fragte David: »Ist eigentlich von Sauls Familie noch jemand am Leben? Ich möchte dem Betreffenden eine Gunst erweisen – meinem verstorbenen Freund Jonatan**

zuliebe. ... Ziba antwortete: »Es gibt noch einen Sohn Jonatans. Er ist an beiden Füßen gelähmt.« »Wo ist er?«, fragte der König. »In Lo-Dabar, im Haus von Machir, dem Sohn Ammiëls«, antwortete Ziba. König David schickte nach Lo-Dabar und ließ ihn aus dem Haus Machirs holen. ... »Hab keine Angst«, sagte David, »ich will dir eine Gunst erweisen deinem Vater Jonatan zuliebe. Ich werde dir allen Landbesitz zurückgeben, der einst deinem Großvater Saul gehört hat. Und du darfst immer an meinem Tisch essen.«
Aus 2. Samuel 9,1–7 GNB

Eines Tages überrascht David wie aus dem Nichts ein Gedanke, der ihm sagt: »David, es gibt hier jemanden, der deine Hilfe braucht!« Und so erkundet sich David und findet heraus, dass es noch einen Nachkommen von Saul gibt. Jonatans Sohn, der als Fünfjähriger auf der Flucht nach dem Tod seines Vaters von seinem Kindermädchen fallen gelassen wurde und seither gelähmt ist – Mefi-Boschet. Mefi-Boschet wuchs am Königshof auf, er war der Sohn des zukünftigen Königs. Er hatte alles, was man sich wünschen konnte. Luxus, ein Leben im Palast und im Überfluss und zudem eine Zukunft. Wie auf einen Schlag wird ihm das alles genommen, und als wäre das nicht schlimm genug, verliert er auch noch seine Beine. Mefi-Boschet wird buchstäblich von seinem Kindermädchen und vom Leben fallen gelassen. Er wird vergessen. Er fühlt sich einsam und übergangen.

Doch plötzlich erinnert sich David an ihn. Und holt ihn zurück an den Hof, wo er bis an sein Lebensende am Tisch des Königs essen darf. So ist es auch bei uns. Auch wenn wir uns vergessen oder im Stich gelassen fühlen,

Gott vergisst uns nicht.

Wir beten den Gott an, der das ganze Universum in seiner Hand hält, und egal, was uns widerfahren ist, wo wir im Stich gelassen wurden, Gott wird – wie bei David – jemandem zuflüstern, um dir das Verlorene wieder zurückzugeben. **Um dich wieder zurück an den Tisch des Königs zu holen.** Um dir zurückzugeben, was dir genommen wurde. Um deine Schmerzen zu heilen und dich wiederherzustellen.

Dass Gott uns durch andere Menschen Türen öffnen kann, die uns turbomäßig vorwärtsbringen, durften auch wir als Kirche erleben. Diese Geschichte begann in den Flitterwochen mit meiner Frau. Wir verbrachten diese in den USA und unternahmen mit dem Auto einen Roadtrip von Miami nach New York – ohne Navigationssystem versteht sich. Es war am letzten Abend, bevor wir wieder nach Hause fliegen würden, als meine Frau den Fernseher im Hotelzimmer einschaltete und Joel Osteen zuhörte, dem Pastor der Lakewood Church, der größten Kirche in Amerika. Plötzlich rief sie: »Schaaaaatz, du musst unbedingt kommen! Genau so wie dieser Joel Osteen müssen wir predigen, wenn wir die Schweizer mit der Botschaft von Jesus erreichen wollen. Schreib unbedingt seinen Namen auf.« Doch wieder zu Hause ging es sofort los mit dem Alltag und nach und nach geriet dieses Ereignis in Vergessenheit.

Viele Jahre später, im Sommer 2012, kam Timon, ein Leiter aus unserer Kirche, auf mich zu und sagte, er müsse unbedingt mit mir reden. Seine Frau und er hatten im Urlaub die Lakewood Church besucht und dort durch mehrere Wunder Joel Osteen und den Young-Adults-Pastor kennengelernt. Timon sagte zu mir: »Könu, diese Begegnung war ganz klar ein Wunder! Diese Beziehung ist göttlich!« Ich dachte, spannend, und begann die Predigten von Joel Osteen zu hören. Die Art und Weise seiner Predigten überraschte mich, veränderte mich, und ich dachte:

»Ja, genau so müssen wir predigen, wenn wir die Menschen in der Schweiz mit der Botschaft von Jesus erreichen wollen.« Ein paar Monate später räumte ich meinen Dachboden auf und entdeckte ein altes Notizbuch aus den Flitterwochen. Ich blätterte darin und stieß auf einen Namen – Joel Osteen, der Pastor, von dem ich zu jener Zeit eine Predigt nach der anderen am Hören war und von dem ich so begeistert war. Erst jetzt erinnerte ich mich wieder daran, dass meine Frau schon viele Jahre zuvor gesagt hatte: »Könu, so müssen wir predigen«. Jahre später brachte Gott das Vergessene wieder zurück in unsere Kirche.

Durch die Beziehung mit der Lakewood Church konnten wir in den vergangenen Jahren unglaublich viel lernen und persönlich sowie als Kirche weiterkommen.

Gott hat auch dich nicht vergessen. So wie er David an Mefi-Boschet erinnerte oder wie er unsere Kirche durch Joel Osteen segnete, so kann er auch den Menschen, die dich weiterbringen werden, ins Ohr flüstern und sagen:

Wir beten den Gott an, der das ganze Universum in seiner Hand hält, und egal, was dir widerfahren ist, wo du im Stich gelassen wurdest, Gott kann in jemandes Ohren flüstern, um dir das Verlorene wieder zurückzugeben.

Wir lesen, dass Mefi-Boschet in Lo-Dabar lebte. Lo-Dabar war die ärmste und heruntergekommenste Stadt zu dieser Zeit. Ein richtig dunkler Ort. Ich kann mir gut vorstellen, wie Mefi-Boschet zu sich selbst sagte: »Alle haben mich vergessen. Ich war mal bedeutend. Schon als Kind wurde ich respektiert und ich hatte ein gutes Leben. Doch jetzt, schau mich an, ein Krüppel, ich lebe zurückgezogen in der ärmsten Gegend. Ich habe keine Freunde, niemand kümmert sich um mich und das Schlimmste an allem ist: Ich kann nicht einmal etwas dafür – mein Kindermädchen hat mich fallen lassen!«

Auch wenn du dich in deinem Leben in einer Lo-Dabar-Phase befindest, sieht Gott dich. Er hat dich nicht vergessen. Gott sieht, was wir erlebt haben, Gott sieht die Ungerechtigkeit, die uns zugefügt wurde, Gott sieht unsere Kämpfe. Gott hat sich bei Mefi-Boschet nicht zurückgelehnt und gesagt: »Pech gehabt, dein Kindermädchen hat dir dein Leben so richtig vermiest. Bin ja mal gespannt, wie du da wieder herauskommst.« Nein, Gott flüsterte David ins Ohr und sagte: »David, du hast Jonatan ein Versprechen gegeben, dass du dich um seine Nachkommen kümmern wirst! Jetzt ist es an der Zeit, dieses Versprechen einzulösen.«

David erinnert sich an sein Versprechen, holt Mefi-Boschet zurück an den Königshof und bietet ihm sogar einen Platz an seinem Tisch an. Er wird ab sofort immer am Tisch mit dem König essen. Eine unglaubliche Wendung in Mefi-Boschets Leben. So sagt Gott auch zu dir: »Auch wenn du im Stich gelassen wurdest, auch wenn man dich vergessen hat und du nicht mehr weiterweißt – da ist ein Platz am Tisch des Königs für dich.«

Dank meines Berufes habe ich das Privileg, dass ich schon manches Ehepaar trauen durfte und so auch zu vielen Hochzeitsfesten eingeladen wurde. Ich finde es immer beruhigend, wenn das Brautpaar Tischkärtchen einsetzt. So weiß ich nämlich, wo mein Platz ist. Es beruhigt mich insofern, dass ich mir dann keine Sorgen mehr zu machen brauche, wo ich sitzen werde. Am ausgewählten Platz steht ein Kärtchen mit meinem Namen drauf und niemand anderes wird sich dort hinsetzen. So ist es auch bei unserem Gott. Sobald wir uns entschieden haben, an ihn zu glauben und unser Leben nach ihm auszurichten, reserviert Gott uns einen Platz an seinem Tisch – am Tisch des Königs. Dieser Platz ist frei und darf von uns besetzt werden. Wenn wir das tun, erleben wir, wie Gott uns segnet und weiterführt.

Gott vergisst uns nie. Auch wenn wir uns im Stich gelassen fühlen oder fallen gelassen wurden: Gott ist da und wird uns an seinem Tisch alles zurückgeben, was uns genommen wurde. Wenn wir dann am Tisch sitzen, begreifen wir:

> Wow, unser Gott ist so gut. Sein Plan ist so perfekt. Gott hatte von Anfang an alles in seiner Hand.

Wenn wir es schaffen, trotz unserer Fragen, unserer Einsamkeit und unserer Kämpfe Gott nicht loszulassen und ihm weiterhin zu vertrauen, werden wir erleben, wie Gott uns aufrichtet und uns mit neuen Möglichkeiten und neuem Segen überrascht.

Gott heilt uns vielleicht nicht, Gott gibt uns die Person, die uns verlassen hat, vielleicht nicht wieder und Gott dreht auch die Zeit nicht zurück. Doch wenn wir an seinem Tisch sitzen, erkennen wir, dass Gott uns alles gibt, was wir brauchen – oftmals anders als erwartet, aber genau passend und richtig für uns.

Dies erlebte auch ein Ehepaar, welches sich schon lange Kinder wünschte. Doch es klappte einfach nicht. Schließlich stellte sich heraus, dass die Frau nie fähig sein würde, schwanger zu werden. Schon viele Menschen vor diesem Paar hatten diesen Bericht vom Arzt erhalten, haben gebetet und erlebt, wie Gott ein Wunder tat und ihnen das langersehnte Kind schenkte. Bei jenem Ehepaar lief es jedoch nicht so. Das Baby kam nicht, obwohl sie beteten und glaubten. Die Frau fühlte sich im Stich gelassen, fallen gelassen, alleine und vergessen.

Doch Gott hatte diese Familie nicht vergessen. Eines Tages bekam die Frau einen überraschenden Anruf von einer guten Freundin, die ein Heim für verstoßene Teenagermädchen führte. Diese sagte zu ihr: »Wir haben eine junge Frau, die mit Zwillingen schwanger ist. Niemand wird sich um die Kinder kümmern können. Jemand sagte mir, dass ihr vielleicht Interesse habt, die zwei Babys zu adoptieren. Habt ihr?« Gott flüsterte der Freundin ins Ohr. Er hatte das Ehepaar nicht vergessen. Gott holte sie aus Lo-Dabar zurück an den Tisch des Königs. Das Ehepaar adoptierte die Zwillinge und ein paar Jahre später adoptierten sie noch einen Jungen. Die Mutter sagt heute: »So ist unser Gott. Heute habe ich drei geniale Kinder und musste nicht einmal die Schmerzen einer Geburt ertragen.«

Wow, unser

ott ist so gut.

Deshalb, auch wenn du dich vergessen fühlst, werde nicht bitter. Gott hat dich nicht vergessen und wird dir auf seine Art und Weise zurückgeben, was dir genommen wurde – einzigartig zu dir passend, besser, anders, größer und mehr, als du vorher hattest. Er wird dir geben, was dir fehlt oder wonach du dich sehnst. Und dann wirst auch du sagen:

»Unglaublich, wie gut mein Gott ist.

Er hat mich so genial gesegnet.«

Mehr noch, Gott wird dich nicht nur zurück an seinen Tisch holen und dir erstatten, was dir genommen wurde, er bringt auch Menschen in dein Leben, die dir helfen werden und denen auch du eine Hilfe sein kannst.

Sogar Jesus erlebte, wie er es allein nicht mehr schaffte und Hilfe benötigte. Jesus wurde zum Tod am Kreuz verurteilt. Dabei nahm er jegliche Sünden und Fehler der ganzen Menschheit auf sich und starb dafür. Doch er wurde nicht einfach zum Hügel gebracht, wo sie ihn dann kreuzigten, nein, er musste sein Kreuz selbst hinauftragen. Dann lesen wir in der Bibel, wie Jesus einfach keine Kraft mehr hatte und unter der Last des Kreuzes zusammenbrach. Doch Gott sah den Schmerz seines Sohnes und stellte ihm einen Mann zur Seite, Simon. Dieser trug für Jesus das Kreuz auf den Berg hinauf.

Wir müssen nicht immer alles allein schaffen, sogar Jesus brauchte Hilfe. So wird Gott auch uns Menschen zur Seite stellen, die uns unter die Arme greifen und uns helfen.

Ich möchte dieses Kapitel mit der Geschichte eines jungen Mannes aus Südkorea beenden, der an Tuberkulose erkrankte. Eines Tages wurde dem Mann klar, dass er dieser Krankheit erliegen würde und kurz vor dem Sterben war. So lag er auf seinem Bett und wartete darauf, endlich von seinem Leid erlöst zu werden. Doch er hatte überhaupt keinen Frieden. Er hatte fürchterliche Angst vor dem, was kommen würde. So betete er zu jeder Gottheit, die er in seiner Religion hatte, und fragte jede: »Kannst du mir helfen und mir Frieden schenken?«

Doch keiner seiner Götter antwortete ihm. In seiner Verzweiflung rief er in den einsamen und dunklen Raum hinein: »Wenn es noch einen anderen Gott gibt, bitte antworte mir! Ich bitte dich nicht um Heilung, ich möchte einfach in Frieden sterben!«

Stille, nichts schien sich zu verändern. Doch ein paar Stunden später lief eine junge Theologiestudentin an seinem Haus vorbei. Sie verspürte auf einmal den Drang, bei diesem Haus zu klopfen, was sie dann auch tat. Die Mutter des Kranken öffnete die Tür und die Studentin sagte: »Ich weiß, sie kennen mich nicht, aber wenn ich für irgendetwas beten kann, lassen Sie es mich wissen.«

Die Mutter begann zu weinen und erzählte von ihrem Sohn. Die Studentin betete für den kranken Mann und dies gab ihm nicht nur den Frieden in sein Herz, sondern heilte ihn auch von seiner Krankheit. Jahre später wurde Dr. Yonggi Cho Pastor und gründete die heute größte Kirche der Welt.

Auch wenn du dich vergessen fühlst, hintergangen oder betrogen wurdest – werde nicht bitter. Gott ist da. Gott ruft dich zurück an seinen Tisch. Er hat dich nicht vergessen und wird dir auf seine Art und Weise – das heißt besser, anders, größer und mehr – zurückgeben, was dir genommen wurde oder wonach du dich sehnst.

Egal, was passiert ist oder wie du dich fühlst, komm zurück an den Tisch des Königs.

Komm an den Tisch deines Gottes.

Gott möchte dich gebrauchen, um den Menschen um dich herum zu dienen. Sie brauchen dein Lachen, deine Art, deine Ideen, deine Gaben, deine Barmherzigkeit, deine Liebe und deine Hände.

Sie warten auf dich. Komm zurück. Erlebe nicht nur, wie Gott dich segnet und dein Leben mit neuen Ideen belebt, sondern auch, wie du zu einem Menschen werden kannst, der anderen hilft, zurück an den Tisch unseres Gottes zu kommen. Dein Name ist in den Handflächen unseres Gottes eingraviert, er wird dich nie vergessen.

»Unauslöschlich habe ich deinen Namen auf meine
Handflächen geschrieben, deine Mauern habe ich
ständig vor Augen!« *Jesaja 49,16* HFA

PART 5

GLAUBE

»Der Glaube ist ein besserer Ratgeber
als die Vernunft. Die Vernunft hat Grenzen,
der Glaube keine.«

Blaise Pascal

Behalte den Glauben in der Mitte

Alles, was Gott in unserem Leben begonnen hat, wird er auch erfolgreich zu Ende bringen. Wir haben einen Gott an unserer Seite, der inmitten des Prozesses, des Laufes, des Unterwegsseins nicht einfach so aufgibt. Deshalb sollten auch wir es nicht tun. Ich möchte dich ermutigen, dranzubleiben. Finde neuen Glauben für den Prozess in der Mitte zwischen Start und Ziel.

Es ist einfach, mit einem großen Glauben etwas Neues zu starten. Die Augen leuchten, wenn wir einander vor dem Traualtar das Jawort geben. Die Gefühle sind unbeschreiblich, wenn wir das frischgeborene Baby in den Armen halten. Und die Erwartungen sind hoch, wenn wir ein neues Projekt oder Geschäft starten. Wir fühlen uns gut und sind im Flow unseres Lebens. Ebenso fühlen wir uns beflügelt, wenn wir die Ziellinie vor unserem inneren Auge sehen.

Glauben für den Start und für das Ende zu haben, ist keine große Kunst. Doch den Glauben in der Mitte zu behalten, das ist der Schlüssel, um das Ziel auch wirklich zu erreichen.

Verliere deshalb nicht den Glauben in der Mitte. Wenn es etwas länger dauert als geplant, wenn es mehr Kraft braucht als erwartet oder wenn es nicht so einfach geht, wie du dir vorgestellt hast. Die Mitte. Die Zeit, in der viele den Glauben verlieren und aufgeben. Der Moment, wo es einfacher ist, stehenzubleiben, als vorwärts zu gehen. Wenn du dich in der Mitte eines Prozesses befindest, denk daran: Gott hat uns nie versprochen, dass wir unser Ziel ohne Gegenwehr, ohne Herausforderungen, ohne Tiefs und dunkle Zeiten erreichen werden. Bleib dran. Kämpfe weiter und lass dir die Freude, den Glauben und die Hoffnung nicht rauben. Sage zu dir selbst:

»Ich lasse mir den Glauben
in der Mitte nicht rauben.
Auch wenn es nicht so läuft,
wie ich mir vorgestellt habe,
halte ich an den Zusagen Gottes
in meinem Leben fest
und gehe weiter auf das Ziel zu.
Auch wenn Menschen mir
sagen: ›Gib deine Ehe auf,
gib deine Träume auf,
gib deinen Glauben auf‹,
höre ich nicht auf sie,
sondern entwickle einen
neuen Glauben für die Mitte.«

So erging es auch Josef. Er hatte eines Nachts einen Traum, in dem er Folgendes sah:

> **Einmal hatte Josef einen Traum. Als er ihn seinen Brüdern erzählte, wurde ihr Hass noch größer. »Ich will euch sagen, was ich geträumt habe«, fing Josef an. »Wir waren miteinander auf dem Feld, schnitten Getreide und banden es in Garben. Auf einmal stellt sich meine Garbe auf und bleibt stehen. Und eure Garben, die stellen sich im Kreis um sie herum und verneigen sich vor meiner.«** *1. Mose 37,5–7 GNB*

Als junger Mann träumte Josef davon, wie sich seine Brüder eines Tages vor ihm verneigen würden. Ziemlich arrogant, dass er ihnen diesen Traum erzählte, nicht wahr? Zudem war Josef auch noch der Lieblingssohn seines Vaters – logisch, dass ihn seine Brüder nach diesem Traum umso mehr hassten. Gott gab Josef diesen Traum, doch bevor er in Erfüllung gehen sollte, musste Josef durch eine sehr herausfordernde Zeit. Zunächst einmal wurde er von seinen Brüdern gefangengenommen und als Sklave nach Ägypten verkauft. Später wurde er ungerechterweise ins Gefängnis geworfen.

Ich kann mir gut vorstellen, dass Josef – in einer feuchten und kalten Gefängniszelle sitzend – über seine Kindheit nachdachte und ihm sein Traum in den Sinn kam. Der Traum, wo er sah, wie sich seine Brüder vor ihm verneigten. Doch stattdessen saß er weit weg von ihnen, einsam und verlassen im Gefängnis.

Aber wenn uns Gott einen Traum in unser Herz legt, dann wird er auch dafür sorgen, dass er wahr wird. So auch bei Josef. Josef wurde dank diversen Wundern zum Stellvertreter des Pharaos. Und als das Land in eine Hungersnot geriet, verneigten sich seine Brüder, welche ihn nicht erkannten, vor Josef, um Korn von ihm zu bekommen. Wäre Josef heute unter uns, würde er uns sagen:

»Lass dich in der Mitte des Weges, in der Mitte des Prozesses nicht entmutigen. Die Mitte kann sehr chaotisch sein. Es kann auf und ab gehen. Es gibt sogar Situationen, die sehr hoffnungslos aussehen. Doch gib nicht auf, Gott wird dich zum Ziel bringen.«

> Wenn Gott einen Traum in unser Herz gelegt hat, wird er uns auch den Weg zeigen, wie wir ihn verwirklichen und das Ziel erreichen können.

Wenn Gott dir ein Versprechen gegeben hat, denk daran: Gott arbeitet im Hintergrund daran, dass es wahr werden wird.

So erlebte es auch Maria, die Mutter von Jesus. Wir lesen, wie ein Engel zu ihr kam und ihr versprach, dass sie den Erlöser zur Welt bringen würde. Voller Glauben und Zuversicht sagte Maria Ja zu diesem göttlichen Kind. Doch was ihr der Engel nicht sagte, war, wie hart die Geburt und auch das Leben von Jesus sein würden. Er sagte ihr nicht, dass sie als Hochschwangere in eine andere Stadt werde gehen müssen. Er sagte ihr nicht, dass sie ihr Kind in einem Stall zur Welt bringen würde. Er sagte ihr nicht, dass sie mit ihrem Kind werde flüchten müssen, weil jemand es töten wolle. Er sagte ihr nicht, dass ihr Sohn mal eines schrecklichen Todes sterben würde, bevor er wirklich zum Erlöser und Messias werden könnte. Was will ich damit sagen?

Gott sagt uns oftmals bewusst nicht, was alles geschehen wird, bis wir das Ziel erreichen. Er weiß nämlich, dass wir sonst gar nicht starten würden.

In der Mitte, zwischen Start und Ziel, müssen wir also festen Glauben bewahren. Einen Glauben, der nicht aufgibt, sondern dranbleibt und es durchzieht, weil wir wissen: Gott wird in unserem Leben zum Ziel kommen. Auch wenn es nicht so aussieht, Gott hat uns und seine Zusagen nicht aufgegeben und wird den Lauf mit uns zusammen vollenden. Darum finde wieder Glauben für die Mitte und halte an den Zusagen Gottes fest. So wirst du das Ziel mit Gott zusammen erreichen.

Wir alle erleben solche Situationen, in denen wir in Gefahr stehen, aufzugeben, obwohl wir enthusiastisch und mit großen Träumen etwas Neues gestartet haben. Wir stellen uns vor, wie Gott unser Leben gebrauchen würde, um seine Geschichte mit uns zu schreiben. Wir sehen uns in unserer Ehe, wie wir ein Abenteuer nach dem anderen erleben oder wie wir in unserer neuen Position am Arbeitsplatz keinen Stein auf dem anderen lassen. Die Welt hat doch nur auf uns gewartet, nicht wahr? Doch dann kommt die Realität.

So erging es auch uns bei der Gründung unserer Kirche. Ich erinnere mich noch gut, wie jemand, der uns nicht kannte, im Gebet einen Eindruck hatte. Er sah vor seinem inneren Auge, wie Tausende von Menschen aus dem ganzen Emmental und sogar von überall aus der Schweiz zu uns in die Kirche kamen. So starteten wir unsere Kirche mit großen Träumen und, ehrlich gesagt, auch mit einer leicht arroganten Haltung. Wir hatten die Erwartung, dass uns die Menschen jetzt förmlich die Bude einrennen würden. Die haben doch quasi alle nur auf uns und unsere Kirche gewartet. Doch was passierte? Zuerst einmal fast gar nichts. Wir blieben für lange Zeit derselbe Haufen, als der wir auch angefangen hatten.

Zurück zu Josef und seinem Traum. Nachdem er den Traum gehabt hatte, kam zuerst mal alles anders als erwartet: Verrat, Gefängnis, Einsamkeit, Dunkelheit. Doch dann konnte Josef dem Pharao mit Gottes Hilfe einen Traum deuten und wurde dadurch zu seiner rechten Hand. Nach der Traumdeutung und den Maßnahmevorschlägen Josefs lesen wir Folgendes in der Bibel:

> **Der Pharao fand den Vorschlag gut, und alle seine Berater ebenso. Er sagte zu den Beratern: »In diesem Mann ist der Geist Gottes. So einen finden wir nicht noch einmal.«**
> **Zu Josef sagte er: »Gott hat dir dies alles enthüllt. Daran erkenne ich, dass keiner so klug und einsichtig ist wie du. Du sollst mein Stellvertreter sein und mein ganzes Volk soll deinen Anordnungen gehorchen. Nur die Königswürde will ich dir voraushaben. Ich gebe dir die Vollmacht über ganz Ägypten.«** *1. Mose 41,37–41* GNB

Krass, Josef kommt aus dem Gefängnis direkt an den Hof des Pharaos. Und dann erlebt er, wie er quasi über Nacht zum Rockstar wird, zum Stellvertreter des Königs. Spannend zu lesen ist, warum: Der Pharao war beeindruckt, wie erfüllt Josef mit dem Geist Gottes war. Das verrät uns, dass Josef auch im Gefängnis an Gott festhielt und im Glauben blieb. Obwohl er durch eine sehr herausfordernde Zeit gehen musste, bis er endlich ans Ziel kam und sah, wie sein Traum wahr wurde, nutzte er diese Zeit. Er erlaubte Gott, weiter an ihm zu arbeiten und ließ die Zeit der Einsamkeit, Dunkelheit und Zweifel nicht einfach verstreichen oder über sich ergehen. Ich ermutige dich, auch wenn du noch nicht am Ziel bist:

Behalte den Glauben in der Mitte. Gib Gott nicht auf. Bleib der Kirche treu, diene weiterhin anderen Menschen, hilf anderen, ihre Träume zu verwirklichen, bete Gott weiterhin an, bleib großzügig – auch wenn es dich etwas kostet.

Nun wieder zurück zu unserer Kirchengeschichte. So oft habe ich mich in den ersten Monaten und Jahren gefragt: »Kommt das gut an? Wo sind all die Menschen, die wir erwartet haben? Wo sind all die Wunder?« Dazu kam, dass in den ersten zwei Jahren unserer Gründung nichts gut zu laufen schien.

Statt dass mehr Menschen kamen, erlebten wir eine Krise im Leitungsteam. Wir waren etwa 30 Leute, die sich zu unserer Kirche zählten, und fünf davon im engeren Leitungskreis. Jemand hatte ein Problem mit unserer Art zu leiten und lehnte sich gegen uns auf. Im Nachhinein sehr verständlich, denn ich steckte mit meiner Gabe zur Leiterschaft noch in den Kinderschuhen. Statt zu wachsen, das Emmental zu erreichen und Wunder zu erleben, fiel unsere Kirche nach zwei Jahren fast auseinander, sodass wir alles stoppten und nochmals von vorne begannen. Ich durchlebte eine Zeit des Zweifels, ich klagte mich selber an, stellte Gott viele Fragen und wollte eigentlich mit dem ganzen Projekt ›Kirche‹ aufhören und meine Träume begraben. Ich steckte in der Mitte und verlor nach und nach den Glauben. Doch jedes Mal, wenn ich es schaffte, Gott zu suchen und auf ihn zu hören, hörte ich seine Stimme:

»Könu, gib nicht auf. Ich habe euch als Kirche ein Versprechen gegeben, bleibt dran. Die Wunder werden kommen, die Menschen werden kommen, die Antworten werden kommen, die Finanzen auch. Bleibt dran!«

Wenn man jetzt zurückschaut und sieht, was Gott alles bewegt hat und wie viele Menschen ihn durch unsere Kirche erleben konnten und verändert wurden, kann man nur sagen: Gott sei Dank habe ich es mit seiner Hilfe geschafft, nicht aufzugeben!

Halte auch du an Gott fest und gib nicht auf.

Gott wird dich
zum Ziel bringen.

Du kennst das Versprechen, das Gott in dein Herz gelegt hat.

Du weißt, dass Gott dich weiterbringen, heilen und befreien kann. Tief in dir spürst du, dass Gott noch mehr für dich bereithält. Du hast den Glauben für eine Veränderung in deiner Familie, bei deinen Freunden oder den Menschen um dich herum noch nicht verloren. Du hältst daran fest, dass du den Partner für dein Leben noch kennenlernen wirst.

Auch wenn deine Umstände dir sagen, dass es zu spät oder vorbei ist, Gottes Zusage ist tief in dir drin. Halte an ihr fest. Im Hintergrund hat die Veränderung schon begonnen, die richtigen Menschen sind auf dem Weg zu dir und Heilung wartet auf dich. Gib Gott und den Glauben an seine Zusagen, die er dir gegeben hat, nicht auf. Der Mittelteil zwischen Start und Ziel kann sehr herausfordernd sein. Doch Gott hat den Traum nicht aufgegeben, so gib du ihn auch nicht auf.

Auch wenn es in der Mitte chaotisch zugeht, Gott ist da und versorgt uns, sodass wir unterwegs bleiben können Richtung Ziel. Dies sehen wir auch beim Volk Gottes. Gott befreite die Israeliten durch Mose aus der Gefangenschaft der Ägypter. Danach führt er sie geradewegs zum verheißenen Land. Doch das Volk hat einen Vertrauens-Durchhänger und gibt Gott in einer entscheidenden Situation auf. Selbstverschuldet laufen sie daraufhin zur Strafe 40 Jahre durch die Wüste. Gott hätte sich jetzt zurückziehen und zu ihnen sagen können: »Jetzt schaut mal selbst, wie ihr aus der Misere wieder herauskommt. Ich erscheine dann in 40 Jahren wieder.« Doch so ist unser Gott nicht. Obwohl sie ihm nicht vertraut hatten, versorgte er sie während dieser 40 Jahre. Mit Brot, das jeden Morgen frisch bereit lag, Fleisch, das vom Himmel fiel, Wasser, das aus dem Felsen sprudelte und mit Kleidern, die nie kaputtgingen.

> Gott versorgt in der Mitte. Auch uns, sogar wenn wir selbstverschuldet stehen geblieben sind.

Gott sagt auch jetzt gerade zu dir:

»Ich bin nicht nur ein Gott des Starts und des Ziels. Ich bin auch ein Gott der Mitte und werde dich immer mit allem versorgen, was du benötigst. Sogar dann, wenn du dich selbstverschuldet auf einem Umweg befindest. Deine Aufgabe ist es einfach, in der Mitte den Glauben zu bewahren.«

Gib Gott nicht auf, auch wenn es hart ist. Gib den Glauben nicht auf, auch wenn alles gegen dich zu sein scheint. Halte an den Zusagen Gottes fest, auch wenn alles abwärts zu gehen scheint.

Das war auch für mich entscheidend, als ich meine Blutkrankheit bekam. Ich spürte von Anfang an tief in mir, dass Gott mich heilen würde. Dann beteten zwei befreundete Pastoren für mich, legten die Hand auf meine Milz, die das Problem war, und während sie beteten, spürte ich eine göttliche Wärme in mir und ich dachte: So, jetzt bin ich definitiv geheilt. Doch bei der nächsten Kontrolle sahen die Werte noch schlimmer aus als zuvor. Genau so war es auch die nächsten Wochen bei den folgenden Tests, es sah alles andere als gut aus. Doch ich gab trotz all der negativen Blutberichte die Hoffnung auf Heilung und eine Veränderung nicht auf.

Als ich eigentlich auf neue Tabletten umstellen sollte, machte die Ärztin – viele Wochen nach dem Gebet mit den Pastoren – nochmals einen Routinecheck des Blutes. Eigentlich wollten wir zusammen besprechen, wie wir auf die neue Kur umstellen, doch da sah sie die Werte. Sie traute ihren Augen kaum und sagte zu mir: »Herr Blaser, eigentlich müssten wir neue Medikamente nehmen, aber Ihre Werte sehen völlig unerwartet viel besser aus. Ich glaube, wir schleichen mal die alten Medikamente aus und schauen dann weiter.«

Ich wusste, jetzt hatte die Heilung eingeschlagen. Ich ging nach Hause und schrieb in mein Tagebuch, dass ich an diesem Tag geheilt wurde und setzte danach die Tabletten langsam ab. Ein paar Monate später nahm ich die letzte Tablette und seither gelte ich als geheilt. Gott hat ein großes Wunder getan. Meine Diagnose sah so aus, dass ich die Blutkrankheit zu achtzig Prozent mein Leben lang hätte, doch Gott hatte das letzte Wort, nicht der Krankenbericht oder irgendwelche Statistiken. Gott hatte für meine Krankheit ein Ablaufdatum gesetzt.

Gib auch du den Glauben nicht auf. Gott hat dich nicht vergessen und hat deine Heilung schon vorbereitet. Er hält deinen zukünftigen Durchbruch schon bereit. Gott sieht die offenen Türen, die auf dich warten, und er ist schon am Vorbereiten des nächsten Segens. Denn all deine Herausforderungen, Krankheiten und negativen Umstände haben ein Ablaufdatum. Jedes dunkle Tal hat ein Ende und führt zum nächsten Segen.

»Ich bin nicht nur
ein Gott des Starts
und des Ziels.
Ich bin auch ein
Gott der Mitte und
werde dich immer
mit allem versorgen,
was du benötigst.«

Nick Bondarev/Pexels

Gott wird deine Angst nehmen und zu ihr sagen: »Angst, deine Zeit ist um, du hast keine Macht mehr im Leben dieser Person.« Und Ängste jeglicher Art werden aus deinem Leben weichen. So auch bei Krankheiten. Gott hat für jegliche Krankheit ein Ablaufdatum festgesetzt. Denn nicht die Krankheit hat das letzte Wort, sondern Gott, und irgendwann wird er die Krankheit nehmen und auch zu ihr sagen: »So, Krankheit, deine Zeit ist um!« Das Gleiche gilt für all unsere Sorgen. Gott wird sie nehmen und uns seine Zuversicht und Sicherheit schenken, wenn wir ihn anbeten, weiterhin ehren und suchen. So auch bei Süchten und Nöten. Irgendwann wird Gott sagen: »Jetzt ist Schluss. Sucht, du hast im Leben dieses Menschen nichts mehr zu suchen.«

Wenn du dich bei einem Glaubensprojekt irgendwo in der Mitte befindest und auf eine Durststrecke geraten bist, gib nicht auf und behalte den Glauben. Gott hat dich nicht vergessen und hat für jegliche Herausforderungen schon ein Ablaufdatum festgesetzt. Er wird dir zur richtigen Zeit den Durchbruch schenken, dich weiterbringen, dich heilen und dir neuen Segen geben. Halte in der Zwischenzeit an Gott fest.

> Erwarte das Wunder, erwarte den Segen.

Bleib treu, und Gott wird dich wie Josef trainieren und dir geben, was er dir von Anfang an versprochen hat. Gott wird dich in der Mitte versorgen und dich nie fallen lassen, auch wenn du dich selbst in diese missliche Lage hineinmanövriert hast. Gottes Gnade und seine Liebe sind größer, deshalb behalte den Glauben in der Mitte und Gott wird Dinge in deinem Leben möglich machen, die du dir in deinen kühnsten Träumen nicht hättest vorstellen können.

> **Führt mich mein Weg mitten durch die Not, so schenkst du mir neue Lebenskraft. Du streckst deine Hand aus und wehrst den Zorn meiner Feinde ab, mit deinem mächtigen Arm rettest du mich. Der Herr wird alles für mich zu einem guten Ende bringen! Herr, deine Güte währt ewig; und was du zu tun begonnen hast, davon wirst du nicht ablassen.**
> *Psalm 138,7–8*

Ich bleibe stehen!

Wir alle erleben Stürme. Situationen, in denen wir nicht mehr weiterwissen, in denen uns das Leben mit einer Schreckensbotschaft überrascht oder wir wie aus dem Nichts von einer Krankheit oder einem Leiden überwältigt werden. Die Bibel verspricht uns nirgends, dass wir, wenn wir mit Gott unterwegs sind, kein Leid, keine Not und keine Schmerzen mehr erleben werden. Aber die Bibel verspricht uns, dass wir – mit Gott auf unserer Seite – stehen bleiben werden und kein Lebenssturm uns brechen kann.

Egal, was in deinem Leben auf dich zukommt, du wirst mit Gott zusammen stehen bleiben. Du wirst einen Weg finden, du wirst neue Hoffnung entdecken und du wirst eine neue Sicht bekommen, die dir hilft, weiterzugehen. Über Standhaftigkeit spricht Jesus in folgender Geschichte:

> **»Darum gleicht jeder, der meine Worte hört und danach handelt, einem klugen Mann, der sein Haus auf felsigen Grund baut. Wenn dann ein Wolkenbruch niedergeht und die Wassermassen heranfluten und wenn der Sturm tobt und mit voller Wucht über das Haus hereinbricht, stürzt es nicht ein; es ist auf felsigen Grund gebaut. Jeder aber, der meine Worte hört und nicht danach handelt, gleicht einem törichten Mann, der sein Haus auf sandigen Boden baut. Wenn dann ein Wolkenbruch niedergeht und die Wassermassen heranfluten und wenn der Sturm tobt und mit voller Wucht über das Haus hereinbricht, stürzt es ein und wird völlig zerstört.«** *Matthäus 7,24–27*

Spannend bei dieser Geschichte finde ich, dass bei beiden Männern derselbe Sturm kommt. Dies sagt uns: Wir alle erleben Stürme, ob wir an Gott glauben oder nicht. Jeder von uns erlebt unangenehme Überraschungen. Jeder von uns kämpft mit Schicksalsschlägen. Jeder von uns hat Herausforderungen, Fragen und Nöte, mit denen er sich herumschlägt.

Wie wir den Sturm überstehen,
hängt nicht vom Sturm ab,
sondern vom Fundament,
auf welchem wir unser Leben bauen.

Bauen wir auf uns, unseren Verdienst, unsere Leistung und suchen Sicherheiten in der Welt? Dann bauen wir auf Sand und unser Fundament ist sehr wacklig.

Wir müssen ja nur die Nöte unserer Zeit betrachten. Dürren, Flüchtlingsströme, Überalterung der Gesellschaft, bröckelnde Sozialsysteme, Klimawandel, Epidemien usw. – diese Phänomene zeigen uns, dass schlussendlich nichts auf dieser Erde sicher ist. Innerhalb kurzer Zeit kann unser Geld seinen Wert verlieren, unser Unternehmen bankrott gehen, unsere Ehe scheitern, wir können von einer unheilbaren Krankheit überrascht werden – und dann stellt sich die Frage:

»Auf was baue ich mein Leben?«

Nick Bondarev, Pexels

Wenn wir uns entscheiden, unser Leben auf Gott und seine Zusagen zu bauen, werden wir in all den Fragen, Nöten und Situationen, die uns überraschen und uns den Boden unter den Füßen wegzuziehen drohen, neue Hoffnung, neue Zuversicht und neue Kraft finden. In uns steckt eine Kraft, die gerade in den größten Stürmen des Lebens freigesetzt wird und uns hilft, stehen zu bleiben und nicht aufzugeben. Sie lässt uns neuen Segen finden, ungeahnte Möglichkeiten entdecken und uns auf frische Ideen kommen.

Jesus rät uns, unser Leben nach dem auszurichten, was Gott über uns sagt. Gott ist begeistert von dir, für ihn bist du sein Meisterwerk und er hat immer dein Bestes im Sinn. Das sind die Dinge, auf die du deine Gedanken richten solltest, und nicht auf das, was die Welt dir zu sagen versucht. Baue deine Hoffnungen auf den Zusagen Gottes auf und gib den Glauben auf ein Wunder nie auf. Gott sieht weiter, Gott ist auf deiner Seite. Setze dich beständig mit den Wahrheiten Gottes auseinander und nimm sie auf. Zum Beispiel, indem du eine lebendige und bibeltreue Kirche besuchst, regelmäßig in Gottes Wort, der Bibel, liest und dich von guten Büchern inspirieren lässt.

Wenn wir Gott an die erste Stelle setzen, hören, was er uns zusagt, und nach seinen Verheißungen leben, dann bauen wir unser Fundament auf felsigen Grund. Kommt ein Sturm in unser Leben, werden wir nicht einstürzen.

Wir werden stehen bleiben.
Wir werden die Herausforderung überstehen.
Wir werden den Kampf gewinnen.
Wir werden in unserem Leben weiterkommen.
Wir werden den nächsten Segen sehen und erleben.

Warum? Weil wir zu uns selbst sagen können:

»Ich bleibe stehen. Diese Herausforderung ist nicht mein Ende, diese Krankheit nicht meine Endstation und diese Not nicht meine Zukunft. Dieses Versagen definiert nicht länger mein Leben.«

> Ich habe Gott auf meiner Seite und werde so immer einen neuen Weg finden, neue Hoffnung entdecken und mich von Gottes Kraft begleitet wissen.

Wir alle haben eine ›Ich-stehe-wieder-auf‹-Mentalität in uns.

Als junger Mann hatte ich das Privileg, über Silvester ein Jugendcamp zu leiten. Wir wollten mit etwa 30 jungen Männern und Frauen in den Bergen Skifahren, Snowboarden, Gemeinschaft erleben, geistliche Inputs hören und zusammen im Glauben wachsen. Am Tag, bevor das Camp startete, wütete ein so starker Sturm durch die Schweiz, dass viele Stromleitungen kaputtgingen und über Tage kein Strom mehr fließen konnte. Das betraf auch unser Gruppenhaus. Es funktionierte nichts mehr: Keine Heizung, kein Strom, kein Warmwasser, kein Licht, keine Möglichkeit zu kochen. Die Frage, über die ich als Leiter dann zu entscheiden hatte, war: Ziehen wir das Camp trotzdem durch? Ja, wir beschlossen, das Camp durchzuführen. Ein Notstromaggregat half uns knapp über die Runden, die Badeanstalt, die wir nach der Hälfte der Zeit besuchten, trug zur Sauberkeit der Teilnehmer bei und das ganze Chaos, das wir sonst noch zu bewältigen hatten, half mir, in meiner Leiterschaft zu wachsen. Im Nachhinein war diese Zeit eine der wertvollsten in meinen jungen Jahren. Denn wann immer ich heute eine Leiterschafts-Herausforderung erlebe, sage ich zu mir:

»Könu, du hast mit Gott zusammen dieses Camp geschafft, also wirst du auch diese Herausforderung bewältigen. Du bist aufgestanden und hast trotz des Chaos mit Gott zusammen eines der besten Camps durchgeführt. So wird Gott dir auch in dieser Herausforderung helfen. Steh wieder auf, der Sieg wartet auf dich.«

Das ist die ›Ich-stehe-wieder-auf‹-Mentalität, die es in jedem von uns gibt. Nach jeder Herausforderung, die wir mit Gott zusammen erfolgreich überstehen, wissen wir bei der nächsten: Auch die können wir schaffen. Ich stehe wieder auf. Gott hat mir damals geholfen, so wird er mir auch heute helfen. Gott hat mich damals gesegnet, so wird er mir auch heute einen neuen Weg zum Segen zeigen. Gott hat mir damals die Türen geöffnet, so wird er mir auch heute Türen öffnen.

Egal, was kommt, ich werde stehen bleiben!

Leider hat das Leben viele Menschen kaputtgemacht. Erschöpft, hoffnungslos, orientierungslos gehen sie von einem Tag zum nächsten. Sie haben die Freude verloren, das Leuchten ist aus ihren Augen verschwunden. Wie tote Bäume liegen sie am Boden. Ihr Haus, das sie auf Sand gebaut hatten, ist beim letzten Lebenssturm eingestürzt. Doch wir lesen in der Bibel, dass Gott uns eine ›Ich-stehe-wieder-auf‹-Mentalität zusagt, die allen Widrigkeiten trotzt. Kommt ein Sturm, reagieren wir nicht wie ein Baum, der umknickt oder -fällt, sondern die Bibel vergleicht uns mit einer Palme. Ja, du hast richtig gelesen, einer Palme!

> **Alle, die nach Gottes Willen leben, gleichen einer immergrünen Palme, einer mächtigen Zeder auf dem Libanon. Sie sind verwurzelt im Haus des Herrn, dort, in den Vorhöfen unseres Gottes, grünen sie immerzu. Selbst in hohem Alter sprießen sie noch, sie stehen in vollem Saft und haben immer grüne Blätter. Mit ihrem ganzen Leben verkünden sie: Der Herr hält sich an seine Zusagen. Ja, er ist mein Fels, kein Unrecht ist bei ihm zu finden.** *Psalm 92,13–16*

Das ist Gottes Versprechen an uns. Wir sind verwurzelt im Herrn. Wir blühen immerzu. Wir stehen auch im hohen Alter noch voll im Saft. Wir haben immergrüne Blätter, das heißt, Segen um Segen wird uns folgen. Gott ist unser Fels und es wird uns an nichts mangeln. Darüber hinaus werden wir mit einer Palme verglichen. Palmen haben eine ganz spannende Eigenschaft: Kommt ein Sturm, kann es sein, dass sich eine Palme bis zum Boden neigt und den Boden sogar berührt. Nach dem Sturm richtet sie sich aber wieder auf. Auch wenn es so aussieht, als wäre sie besiegt, steht sie wieder auf. Sie knickt nicht. Mehr noch, ihre Wurzeln wachsen in jedem Sturm tiefer in den Boden und so kommt sie aus jedem Sturm stabiler und besser heraus. Während die Bäume rings um eine Palme knicken, biegt sie sich nur und richtet sich danach wieder auf.

Das steht bildlich für uns. Wie die Palme werden wir uns nach jedem Sturm wieder aufrichten.

Weiter lesen wir dazu in der Bibel:

> **Der Gottesfürchtige kann sieben Mal fallen und wird doch jedes Mal wieder aufstehen. Den Gottlosen dagegen genügt ein Unglück, um sie zu Fall zu bringen.** *Sprüche 24,16 NLB*

Die Zahl Sieben steht in der Bibel für göttliche Vollkommenheit. Dieser Vers sagt uns also, dass wir mit Gott zusammen immer wieder aufstehen werden.

> Egal, was uns zu Fall bringt, mit Gott haben wir eine ›Steh-auf‹-Kraft in uns.

Gott verspricht uns, dass wir immer wieder aufstehen können – egal, was wir erleben, womit wir kämpfen, welche Nöte uns umgeben und welche Versuchungen uns vom Leben wegziehen wollen. Wir haben eine göttliche Kraft in uns, die sich ›Gnade‹ nennt und die uns immer wieder zurück ins Leben, zurück zum Segen, zurück in die Fülle bringt. Gott wird uns nie loslassen. Nichts in unserem Leben wird uns endgültig zu Fall bringen. Nichts wird uns zerstören. Nichts kann unser Leben zu früh beenden oder uns von unserem Weg abbringen. Gott bestimmt unser Leben, und solange er noch nicht das letzte Wort gesprochen hat, wirst du wieder aufstehen.

Darum entscheide dich, der Bitterkeit, den Zweifeln, den negativen Stimmen, die dich belügen und dich von neuem Segen abhalten wollen, keinen Raum mehr zu geben. Frage dich nicht, warum dir dies oder jenes zugestoßen ist, sondern steh wieder auf. Krisen, Fragen, Versuchungen, Nöte und Herausforderungen gehören zum Leben. Jeden von uns erwischt es früher oder später und der Sturm fegt über uns hinweg. Doch die gute Nachricht ist: Wir werden wieder aufstehen. Egal, wie stark der Wind bläst, wie groß unser Versagen oder unsere Not ist – nichts auf dieser Welt wird uns besiegen. Denn wir haben Gottes Beistand und seine Zusagen auf unserer Seite. Und egal, wie groß die Mächte sind, die versuchen, uns zu besiegen, Gottes Macht und seine Gnade sind größer. Darum bleib bei Gott. Halte an Gott fest. Bleib im Glauben und bete Gott weiterhin an, und er wird für dich kämpfen. Er wird dich wieder aufrichten. Er wird dich neu segnen und dich zurück ins Leben holen.

Ich habe die Geschichte eines Ehepaares gelesen, welches in einem Sturm alles verloren hatte. Ihr Haus, ihren Job (weil die Firma nach dem Hurrikan bankrott ging), ihr Hab und Gut – sie hatten nur noch, was sie in ihren Rücksäcken mitnehmen konnten. In diesem Zustand besuchten sie eine Kirche, wo der Pastor zu ihnen sagte: »Ihr mögt alles verloren haben, doch ich möchte euch sagen: Das ist nicht euer Endzustand. Ihr habt mit Gott zusammen eine ›Ich-stehe-wieder-auf‹-Mentalität in euch. Auch wenn ihr alles verloren habt, ihr werdet mit Gott zusammen besser, stärker und gesegneter aus dieser Zeit herauskommen.« Das Ehepaar besuchte von nun an jede Woche diese Kirche und sie hörten Sonntag für Sonntag, dass sie keine Opfer, sondern Sieger sind. Dass Gott ihnen alles doppelt zurückgeben wird. Dass Gott einen Plan und immer ihr Bestes im Sinn hat.

Sie glaubten diesen Worten. Mehr und mehr entwickelte sich diese ›Ich-stehe-wieder-auf‹-Mentalität in ihnen, begann neuer Glaube aufzuleben und öffnete Gott ihnen langsam eine Tür nach der anderen. Nur ein Jahr später besaßen sie ein größeres Haus, einen besseren Job und die Kinder besuchten eine bessere Schule als vor dem Hurrikan. Gott gab ihnen mehr zurück, als ihnen durch den Sturm genommen worden war. Warum? Sie gaben ihren Glauben nicht auf, sondern nährten ihn. Sonntag für Sonntag wurde er größer. Dieser Glaube ehrte Gott und er holte das Ehepaar zurück ins Leben.

So wird er auch dich zurückholen, wenn du dich entscheidest, wieder aufzustehen und deinen Glauben durch inspirierende Predigten, durch die Zusagen Gottes in der Bibel und durch eine lebendige Kirche zu nähren und zu vergrößern. Steh wieder auf. Die Kraft dazu ruht in dir und wartet darauf, von dir entdeckt zu werden. Schritt für Schritt wird Gott dich zurück ins Leben holen – er hat dich nicht vergessen!

Entdecke die Kraft Gottes in dir.

Ich möchte dich ermutigen: Baue dein Leben nicht auf unsicheren Umständen, die Welt, deinen eigenen Verdienst, unsere Politik, dein Wissen oder deine Erfahrung. Alles kann dir innerhalb kurzer Zeit genommen werden. Spätestens, wenn du diese Erde verlassen wirst. Wir alle wissen: Nackt sind wir in diese Welt gekommen, nackt werden wir sie verlassen. Doch was wir mitnehmen können, ist, was wir uns geistlich, durch unseren Glauben an Gott, aufgebaut haben. Darum baue dein Leben auf die Weisheiten, Zusagen und Werte, die Gott uns lehrt, und du wirst nicht nur ein Fundament auf dieser Erde bauen, das jeglichen Stürmen trotzen kann, sondern einen reichen Schatz anhäufen, der im Himmel auf dich wartet. Du bleibst stehen, weil Gott an deiner Seite ist, und nichts und niemand kann dir seine Zusagen, seinen Segen und seine Liebe für dich nehmen.

»Doch Segen soll über alle kommen, die allein auf mich,
den Herrn, ihr Vertrauen setzen! Sie sind wie Bäume,
die am Wasser stehen und ihre Wurzeln zum Bach hin
ausstrecken. Sie fürchten nicht die glühende Hitze;
ihr Laub bleibt grün und frisch. Selbst wenn der Regen
ausbleibt, leiden sie keine Not. Nie hören sie auf,
Frucht zu tragen.«
Jeremia 17,7–8 GNB
Piek, Unsplash

Verankert in der Hoffnung!

Die Hoffnung darauf, dass Gott unsere Gebete erhört, einen Plan hat, weiter sieht und immer unser Bestes im Sinn hat – diese Hoffnung ist unser Anker. Gott sieht unsere Seele und bereitet in der unsichtbaren Welt neuen Segen vor, er hat neue Möglichkeiten platziert und neue Geschenke verpackt. An diesem Glauben, an dieser Hoffnung halten wir fest.

Ich liebe das Bild des Ankers. Will man mit einem Boot in einem Hafen anlegen, wirft man den Anker aus, welcher garantiert, dass das Boot nicht wegdriftet. Genau gleich ist es mit unserer Hoffnung. Wir verankern unsere Seele in der Hoffnung. Dies bedeutet, egal, was für Herausforderungen wir haben, egal, wogegen wir ankämpfen, egal, wie lange es noch dauert, bis das Wunder geschieht – wir wissen, Gott hat es in seiner Hand. Sein Plan für uns ist gut. Seine Macht ist größer als die unserer Feinde und seine Gnade und Gunst umgeben uns. Dies ist unsere Hoffnung, in der wir verankert sind. Wir halten uns fest an den Zusagen, die Gott uns gibt.

Es wird immer wieder Situationen in unserem Leben geben, die uns herausfordern und uns dazu bringen können, unseren Anker zu lichten. Es sind Stimmen, Menschen und Umstände, die uns sagen: »Gib die Hoffnung auf. Diese Krankheit ist unheilbar, diese Situation unlösbar, dieses Herz zu hart und dein Traum unmöglich.« Und ehe wir es bemerken, ziehen wir den Anker hoch und geben die Hoffnung auf. Doch all deine schlechten Umstände, Enttäuschungen, Schicksalsschläge und unerfüllten Wünsche sind keine Gründe, den Glauben und die Hoffnung aufzugeben.

> Lass dich nicht entmutigen.
>
> Lass den Anker unten.

Erwarte wieder, dass deine Träume wahr werden. Erwarte wieder, dass deine Familie sich versöhnt. Erwarte Frieden, Freude und Versöhnung. Erwarte wieder, dass Gott deine Wünsche und deine Sehnsüchte sieht, sie wahrnimmt und dich nicht vergessen hat. Bleib verankert in der Hoffnung.

Gott lehrte auch Josef, Marias Verlobten, in der Hoffnung verankert zu bleiben. Seine wunderschöne Verlobte gestand ihm, dass sie schwanger sei. Nicht von ihm, weil sie gemäß jüdischem Gesetz noch mit dem Beischlaf warteten, bis sie verheiratet waren. Auch nicht von einem anderen Mann und ebenso wenig durch eine Vergewaltigung der Römer, die sie unterdrückten. Nein, sie, als unverheiratete Frau, war schwanger vom Heiligen Geist. Klar, dies war echt ein Schock für Josef. Eine Nachricht, die er nur schwer verdauen konnte.

So zog er sich von Maria zurück und wollte eigentlich die Verlobung auflösen. Doch in der Nacht begegnete ihm ein Engel des Herrn und sagte zu ihm:

> **Während er sich noch mit diesem Gedanken trug, erschien ihm im Traum ein Engel des Herrn und sagte zu ihm: »Josef, Sohn Davids, zögere nicht, Maria als deine Frau zu dir zu nehmen! Denn das Kind, das sie erwartet, ist vom Heiligen Geist. Sie wird einen Sohn zur Welt bringen. Dem sollst du den Namen Jesus geben, denn er wird sein Volk von aller Schuld befreien.« Das alles ist geschehen, weil sich erfüllen sollte, was der Herr durch den Propheten vorausgesagt hatte: »Seht, die Jungfrau wird schwanger werden und einen Sohn zur Welt bringen, und man wird ihm den Namen Immanuel geben.« (Immanuel bedeutet: ›Gott ist mit uns‹.)**
> *Matthäus 1,20–23*

Durch diese Schwangerschaft und die darauffolgende Geburt sollte sich erfüllen, was Gott vorausgesagt hatte. Gott hatte die Geburt Jesu, die Rettung der Welt, die Vergebung unserer Schuld schon lange geplant gehabt. Gott hatte gesehen, wie Adam und Eva versagten und ihm nicht hundertprozentig vertrauten. Gott wusste, dass er eine Lösung dafür bieten musste. Und die war Jesus. Durch Jesus würde neue Hoffnung aufleben, neue Freude kommen und die Menschen würden frei von Bitterkeit, Traurigkeit, Schmerzen, Sünden und Krankheiten. Gott würde sein Volk von aller Schuld befreien. Durch Jesus würden wir Vergebung bekommen. All das war schon lange geplant gewesen.

Jesus kam, um uns zu befreien, um uns neues Leben zu schenken und uns eine neue Hoffnung zu geben.

Dies erinnert mich an eine Geschichte, die mir kürzlich ein Geschäftsmann erzählte. Er hatte einen Angestellten, der ihm viele Probleme bereitete. Eines Tages, nachdem er wieder einen Bock geschossen hatte, zitierte der Chef ihn in sein Büro. Dort schaute er ihn an und sagte: »Du, das geht nicht mehr. Wir müssen was ändern. Du brauchst JESUS!«, und dann gab er ihm eine Bibel und das Buch ›Einfach Jesus‹, welches ich geschrieben habe. Der Angestellte ging nach Hause und begann, darin zu lesen. Dieses Buch packte ihn und er fand neue Hoffnung, Freude und Leben. Er entschied sich, sein Leben Jesus in einem Gottesdienst anzuvertrauen. Als er das Gebet am Ende der Predigt mitbetete, erlebte er, wie alles Schwere, alles Traurige, alles Hoffnungslose wie auf einen Schlag von ihm abfiel und er nach diesem einfachen Gebet, in dem er Jesus sein Leben anvertraute, ein neuer Mensch wurde.

Genau das versprach der Engel Josef. Das Kind, welches Maria zur Welt bringen würde, sollte die Menschheit von all ihrem Versagen, ihren Sünden und Nöten befreien. Und der Name, den Josef ihm geben sollte, war Jesus, man würde ihn aber auch Immanuel nennen, was so viel bedeutet wie ›Gott ist mit uns‹. Gott wird wieder mitten unter uns sein. Alle Menschen, die an Jesus glauben, werden Gott wieder in ihrem Leben sehen. Sie werden wieder all das Hoffnungsvolle, Schöne, Geniale, all die Träume und Ideen, die Gott für uns bereithat, entdecken.

Gott ist mit uns.

Verankert in der Hoffnung bedeutet, dass wir wissen, dass Gott da ist und immer einen Weg sieht. Dass Gott unser Leben in seiner Hand hält. Dass Gott jegliche Kraft hat und uns von allem befreien und heilen und das verändern will, was uns noch im Weg steht, unser bestes Leben zu leben. Deshalb behalte deinen Anker unten, bleib verankert in der Hoffnung, dass Gott immer noch eine Antwort, eine Idee, einen Plan hat und weiter sieht als du.

Unsere Hoffnung setzen wir schlussendlich nicht auf eine medizinische Behandlung, auf Ärzte, auf unsere Versicherungen, auch wenn uns all dies helfen kann – unsere Hoffnung setzen wir auf Gott. Gott ist unsere Hoffnung. Der Gott, der das Leben in uns hineingehaucht hat, der Gott, der das ganze Universum geschaffen hat, der Gott, der alles in seiner Hand hält. Der Gott, der mich von meiner Blutkrankheit geheilt hat. Der Gott, der auch dich heilen, verändern und weiterbringen wird. Der Gott, der dein Leben in seiner Hand hält. Auf diesen Gott setzen wir unsere Hoffnung. **Auf unseren Gott, dem nichts, aber rein gar nichts unmöglich ist.**

Dies tat auch Abraham. Gott versprach ihm und seiner Frau Sara einen Sohn. Doch die beiden waren schon sehr alt und eigentlich schien es unmöglich, dass sie noch ein Kind bekommen könnten. Doch sie schenkten dieser Zusage Glauben und wir lesen, wie Gott sich über ihren Glauben freute. So wird er sich auch über deinen Glauben freuen. Gib deine Hoffnung nicht auf. Hauche den Zusagen, die Gott in dein Herz gelegt hat, wieder neuen Glauben ein, indem du dir die Hoffnung auf deren Erfüllung nicht rauben lässt.

Bleibe verankert in der Hoffnung und erlebe auch du, wie sich Gottes Zusagen für dein Leben erfüllen werden.

Dann ist da die Geschichte von Zacharias, einem Mann, der im hohen Alter noch Vater wurde.

> **Da erschien dem Zacharias ein Engel des Herrn; er sah ihn auf der rechten Seite des Rauchopferaltars stehen. Zacharias erschrak und wurde von Furcht gepackt. Doch der Engel sagte zu ihm: »Du brauchst dich nicht zu fürchten, Zacharias! Dein Gebet ist erhört worden. Deine Frau Elisabeth wird dir einen Sohn schenken; dem sollst du den Namen Johannes geben.«** *Lukas 1,11–13*

Ein unglaubliches Wunder. Spannend ist, wie wir lesen, dass der Engel ihm diesen Sohn als Erhörung auf sein Gebet versprach. Dies sagt uns, Zacharias gab den Glauben nicht auf. Zacharias ließ den Anker der Hoffnung unten. Zacharias ließ sich nicht von den Umständen, den Neinsagern in seinem Umfeld oder seinen negativen Gedanken ausbremsen. Er hielt an der Hoffnung auf ein Wunder fest.

Kürzlich habe ich die Geschichte eines jungen Mannes gelesen, der sich nichts Sehnlicheres wünschte, als Basketballspieler zu werden. Er schaute sich ein Basketballspiel nach dem anderen an und für ihn war klar, er würde mal ein Profispieler werden. Doch mit 13 Jahren stellte man eine Krankheit an seinem Herzen fest, die es nicht erlaubte, Hochleistungssport zu betreiben. Als der Jugendliche diese Diagnose erhielt, musste er weinen. Sein Traum schien sich in Luft aufzulösen. Doch er weinte nur etwa 30 Sekunden lang, bevor er zu seinem Vater sagte: »Dad, ich bin erst 13 Jahre alt. Ich kann immer noch Coach, Schiedsrichter oder sonst ein Arbeiter für die Basketballliga werden. Ich werde halt auf andere Weise beim Basketball mitwirken.« Auch wenn es eine Hürde in seinem Leben gab, ließ er sich durch den Rückschlag nicht entmutigen.

Statt bitter zu werden, statt sich aufzugeben, blieb er in der Hoffnung verankert. Er suchte einen anderen Weg. Er suchte einen neuen Traum. Er suchte neue Möglichkeiten.

Auch wenn es nicht so läuft, wie du dir vorstellst, ich ermutige dich: Suche einen neuen Weg.

Auch wenn du dich in einer schier ausweglosen Situation befindest, mit unserem Gott zusammen findest du neue Hoffnung. Auch wenn du dich in eine Sackgasse hineinmanövriert hast, Gott kann dir einen Weg hinaus bahnen. Er kann dir eine neue Straße bauen, er kann Mauern zerbrechen, er kann neue Träume aufleben lassen und dir neue Möglichkeiten zeigen. Gib die Hoffnung nicht auf. Bleib verankert in Gott und du wirst wie jener Junge neue Möglichkeiten sehen. Statt stehenzubleiben, verbittert zu werden oder verpassten Gelegenheiten nachzutrauern, stehe wieder auf.

Halte an der Hoffnung fest. Behalte deinen Anker unten und lass nicht zu, dass du von Gott und vom Segen weggeschwemmt wirst, weil du wegen einer Enttäuschung, einer verschlossenen Tür, eines Verlustes, eines Schicksalsschlages oder einer unheilbaren Krankheit den Anker eingezogen hast. Behalte die Hoffnung in Gott und du wirst einen neuen Weg, neuen Segen, neue Träume und neue Ideen finden. Bleib verankert in der Hoffnung!

> **Warum bist du so bedrückt, meine Seele? Warum stöhnst du so verzweifelt? Warte nur zuversichtlich auf Gott! Denn ganz gewiss werde ich ihm noch dafür danken, dass er mir sein Angesicht wieder zuwendet und mir hilft. Ja, er ist mein Gott.** *Psalm 42,12*

PART 6

TRÄUME WIEDER

»Die Zukunft gehört denen, die an
die Wahrhaftigkeit ihrer Träume glauben.«

Eleanor Roosevelt
US-amerikanische Menschenrechtsaktivistin,
Diplomatin und Ehefrau des US-Präsidenten
Franklin D. Roosevelt

Erinnere dich an deine Träume

Wir alle haben Träume – Wünsche, Sehnsüchte oder Dinge, die wir verändern möchten. Wenn wir tief in uns hineinhorchen, entdecken wir sie wieder. All die Träume, die uns motiviert haben, eine Extra-Meile zu gehen. Die Träume, die eine unglaubliche Energie in uns freigesetzt haben.

Doch dann kamen das Leben, die Umstände, die Hindernisse, Menschen, die es uns nicht zutrauten, und wir begruben den Traum nach und nach unter all dem alltäglichen Schutt, der uns zumüllte. Fragen, Ängste, Nöte, Kleinglauben, negatives Denken und Reden – all die weltlichen Umstände wollen unsere Träume zerstören.

Ich möchte dich ermutigen: Erinnere dich an die Zusagen, die Gott dir gegeben hat. Erinnere dich an seine Wunder, die er getan hat. Denn der Schlüssel, um unser Ziel zu erreichen, ist, dass wir uns an die Versprechen, die Gott uns gegeben hat, erinnern. Mit Gott an deiner Seite kann dich niemand ausbremsen, stoppen oder dir deinen Traum rauben. Glaube nicht mehr länger den Lügen, die dir sagen, du kannst deine Träume nicht erreichen, du wirst nie heiraten, eine Familie gründen, ein neues Geschäft starten, einen Durchbruch erzielen, gesund werden, diese Sucht oder Not überwinden usw. Erinnere dich stattdessen wieder an all das, was Gott dir versprochen und zugesagt hat, und du wirst neue Freude und neues Durchhaltevermögen bekommen.

An den Zusagen und Träumen Gottes festzuhalten, lehrte mich Gott auf eine nicht ganz einfache Art und Weise im Jahr 2015.

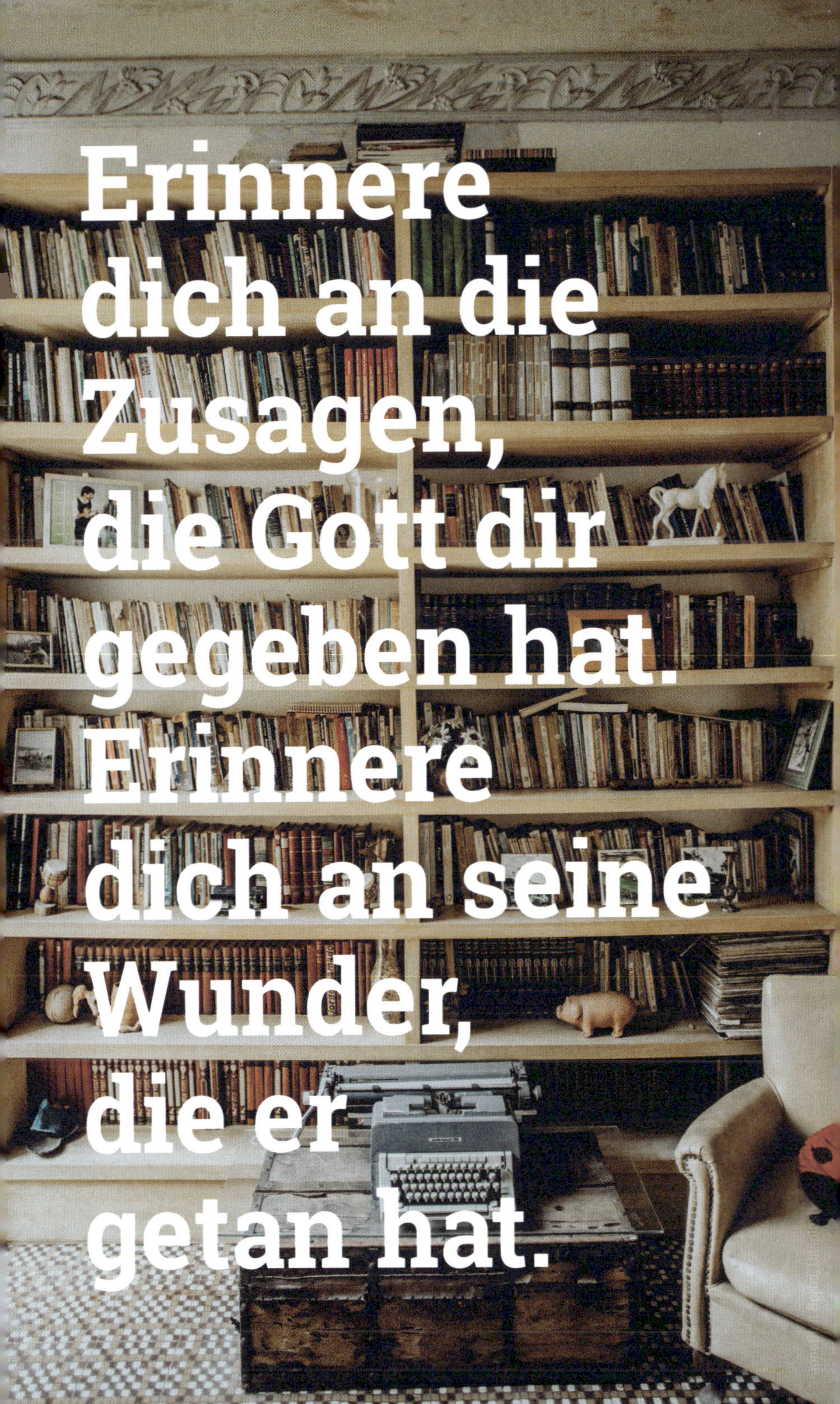
Erinnere dich an die Zusagen, die Gott dir gegeben hat.
Erinnere dich an seine Wunder, die er getan hat.

Doch damit du meinen Lernprozess verstehen kannst, möchte ich kurz ein bisschen ausholen.

Eigentlich begann alles zwei Jahre zuvor. Der ehemalige Leiter der Kirchenbewegung, zu der wir uns bis 2017 zählten, hatte sehr stark den Eindruck, dass er mein Leitungspotenzial für die ganze Bewegung statt nur für unsere eigene Kirche nutzen sollte. Nach vielen Gesprächen, wie wir das machen könnten, bekam ich verschiedene Aufgaben innerhalb der Bewegung zugeteilt. Das bedeutete, ich stellte einen Großteil meiner Zeit nicht nur unserer Ortskirche zur Verfügung, sondern diente in verschiedenen Bereichen und anderen Kirchen. Ich betreute eine mögliche Kirchengründung in London, schrieb für einen anderen Leiter ein Buch, schrieb Blogs für die Bewegung, betreute als Coach vier andere Kirchen in vier verschiedenen Ländern, lehrte am College und coachte Kirchenneugründungen in verschiedenen anderen Ländern.

So war ich neben den Aufgaben in unserer Ortsgemeinde sehr viel unterwegs. Zudem hatten wir in unserer Kirche ein Restaurant, das einfach nicht aus den roten Zahlen herauskommen wollte, und einen Abendgottesdienst, der irgendwie nicht mehr lief. Als wäre dies nicht schon genug gewesen, entschieden wir uns zudem noch, dass wir als Ortskirche aus einem kleinen Tal in der Schweiz anderen Kirchen mit unseren Gaben und Ressourcen dienen wollten. So organisierten wir Events und lancierten Umbauprojekte, bei denen wir anderen Kirchen halfen, Schritte vorwärtszugehen.

Dies waren meine oder unsere Umstände und jetzt befinden wir uns im Februar 2015. Hinter mir liegt ein Coachingtrip in eine mir anvertraute Kirche und eine schlaflose Nacht wegen unseres hochverschuldeten Restaurants. Außerdem geistern viele Fragen in meinem Kopf herum, unter anderem, wie wir mit dem Abendgottesdienst fortfahren könnten. Wie soll dies nur alles weitergehen? Ich bin hin und her gerissen, mich der brutalen Realität zu stellen, das Restaurant und das Gebäude wieder zu verkaufen, alles herunterzufahren, als Kirche einen neuen Raum zu mieten und die Fülle von Dingen, die wir machten und anboten, auf ein Minimum zu reduzieren. Auf der anderen Seite gab es die Möglichkeit, an unseren Träumen festzuhalten. Weiterzumachen, Strukturen zu verbessern und die Hoffnung nicht aufzugeben, dass Gott mit uns einen Plan und uns nicht vergessen hat. Ich war in Versuchung, alles hinzuschmeißen und aufzuhören. Alles zu reduzieren und mit einem sehr geringeren Aufwand weiterzumachen. Doch dann sagte immer wieder eine Stimme in mir: **»Könu, haltet an euren Träumen fest!«**

Ich konnte nicht anders, als irgendwie einen neuen Weg zu finden, obwohl wir mit dem Rücken zur Wand standen. Wir entschieden uns, trotz aller Widerstände dranzubleiben. Timon, mein Co-Leiter, entwickelte einen 5-Jahres-Plan, wie wir die Schulden im sechsstelligen Bereich abarbeiten könnten.

Viele Menschen aus der Kirche sprangen in die Bresche und halfen tatkräftig mit. Wir versuchten, das Restaurant zu retten, den Kirchenbetrieb aufrechtzuerhalten und all unsere Mandate in der Bewegung und unsere Projekte in anderen Kirchen weiterzuführen, obwohl wir überhaupt nicht wussten, wie das alles gehen sollte. Ein halbes Jahr voller Zweifel, schlafloser Nächte, Kämpfe, Existenzängste, Fragen und vielen Opfern folgte. Doch in all dem spürten wir immer wieder, wie Gott zu uns sagte: »Gebt nicht auf, haltet an euren Träumen und meinen Zusagen fest. Ich habe euch nicht vergessen!«

Wir kämpften, wir beteten, wir glaubten, wir gingen an unsere Grenzen – und Gott war die ganze Zeit dabei. Jetzt, Jahre später, bin ich so dankbar, dass wir uns in dieser Zeit entschieden haben, an den Zusagen Gottes festzuhalten, und nicht aufgaben. Dreieinhalb Jahre später – nicht fünf, wie es unser Rettungsplan vorgesehen hatte und obwohl auch das schon ein riesiges Wunder gewesen wäre – haben wir es mit der Hilfe Gottes, dem Glauben und Einsatz vieler Menschen aus der Kirche geschafft, das Restaurant aus der Krise zu führen und konnten nicht nur unsere Schulden zurückzahlen, sondern schrieben sogar schwarze Zahlen.

Die Kirche blühte in all den Herausforderungen auf, viele neue Leiter entwickelten gerade in dieser Zeit ihre Gaben und ihr Profil. Wir mussten unser Gebäude nicht verkaufen, sondern besitzen heute als Kirche einen Ort mit unzähligen Möglichkeiten. Wir können durch das Restaurant den Menschen in der Gegend dienen und haben zudem durch all die Erfahrungen, die wir gemacht haben, sehr viel dazugelernt. Heute steht unsere Kirche auf einem viel größeren Fundament, als wir uns jemals erträumt noch uns hätten vorstellen können. Warum?

Weil wir an unseren Träumen festhielten.

So wird Gott auch dich stärker und besser aus schwierigen Zeiten herauskommen lassen, wenn du nicht aufgibst; gerade in Herausforderungen, wenn du Fragen oder Zweifel hast, wenn sich eine Situation nicht zum Guten zu wenden scheint, musst du an den Träumen und Zusagen Gottes festhalten.

Dies erlebte auch Kaleb, dessen Geschichte wir im Alten Testament lesen. Kaleb hatte einen Traum. Er sah eine Stadt auf einem Berg und spürte, dass er diese Stadt eines Tages für

Nick Bondarev, Pexels

sich erobern würde. Doch er musste 45 Jahre darauf warten. Hast du schon mal 45 Jahre auf eine Gebetserhörung gewartet?

Falls du am Warten bist, mach dir keine Sorgen – Gott hat dich nicht vergessen.

Brett Sayles / Pexels

So wie er Kaleb nach 45 Jahren seinen Traum erfüllte, wird er auch deine Träume erfüllen, wenn der richtige Zeitpunkt gekommen ist. Doch das Interessante an der ganzen Geschichte ist, dass Kaleb sich immer wieder an die Zusage erinnerte, die er damals erhalten hatte und die ihm bestätigte, dass er dereinst das Land erben würde. Zu Josua, seinem Freund, sagte er: »Erinnere dich! Weißt du noch? Damals, vor langer Zeit ...« Man hätte diese Zusage leicht vergessen können, doch Kaleb behielt sie in seinem Herzen.

45 Jahre lang erinnerte er sich an die Zusage Gottes. Vielleicht sagte er jeden Tag zu sich selbst: »Eines Tages werde ich in dieser Stadt auf den Bergen wohnen und die Aussicht genießen, den Lohn meiner Treue ernten und mich an all dem Segen erfreuen, den Gott mir schenkt.«

> **Er** [Kaleb] **sagte zu Josua: »Du weißt, was der Herr in Kadesch-Barnea durch Mose, den Bevollmächtigten Gottes, uns beiden zugesagt hat. Ich war damals 40 Jahre alt, und Mose, der Diener des Herrn, hatte mir den Auftrag gegeben, von dort aus das Land zu erkunden. Als ich zurückkam, berichtete ich darüber so, wie es meiner Einsicht entsprach. Die Männer, die mit mir das Land erkundet hatten, machten dem Volk Angst; aber ich ließ mich nicht beirren und habe dem Herrn, meinem Gott, vertraut. Da versprach mir Mose mit einem Eid: ›Der Teil des Landes, den du als Kundschafter betreten hast, soll für alle Zeiten dir und deinen Nachkommen als Erbbesitz gehören. Das ist der Lohn dafür, dass du dich an den Herrn, meinen Gott, gehalten und ihm vertraut hast.‹ Seither sind 45 Jahre vergangen, und der Herr hat mein Leben bewahrt, wie er es mir versprochen hatte, in der ganzen Zeit, während die Israeliten in der Wüste umhergezogen sind. Sieh mich an! Ich bin 85 Jahre alt und bin noch genauso stark wie damals, als Mose mich ausschickte, und kann noch ebenso gut in den Krieg ziehen. Darum gib mir nun als meinen Anteil das Bergland, von dem der Herr gesprochen hat.«** *Josua 14,6–12* GNB

Kaleb hat an der Zusage Gottes festgehalten. 45 Jahre lang hat er seinen Traum nie aufgegeben. Er ist Gott treu gefolgt und nach 45 Jahren war er bereit für dieses Land. Unsere Träume werden wahr, wenn wir es schaffen, Gott immer wieder an die erste Stelle zu setzen und an dem festzuhalten, was er uns versprochen und zugesagt hat.

Oftmals vergessen wir jedoch so schnell, was Gott uns versprochen hat. Umstände, negative Erlebnisse, die Zeit und was wir im Lauf des Lebens erleben, tragen stark dazu bei, dass wir in Gefahr sind, unsere Träume zu vergessen. Wir kommen auf die Welt wie ein leeres Gefäß, das Gott füllen will. Er hat all die Träume, die er mit uns verwirklichen will, Ideen, die er umsetzen möchte, in uns festgeschrieben. Doch dann kommt das Leben und wir werden verletzt; Menschen, Umstände, Schicksalsschläge usw. setzen uns schwer zu. Wir werden überraschend krank, über lange Zeit scheint sich nichts vorwärts zu bewegen oder Zweifel sagen uns: Vergiss es, das klappt nie mit deinen Träumen, Ideen, Vorstellungen, am besten gibst du auf. Ängste machen sich in uns breit und wir verlieren nach und nach den Mut, noch etwas zu wagen. Und wenn wir nicht aufpassen, sehen wir vor lauter Fragen und Stress unseren Traum nicht mehr!

Ich möchte dir hier einen einfachen Ratschlag geben, der uns hilft, dass wir unsere Träume nie vergessen und uns immer wieder daran erinnern, was Gott uns noch versprochen hat und geben möchte. Es ist das schlichte Prinzip von …

Danken im Voraus.

Auch wenn du deinen Partner noch nicht gefunden hast, in deiner Ehe noch am Kämpfen bist, an deinem Arbeitsplatz von einer Herausforderung zur Nächsten gehst oder deine Heilung noch nicht eingetreten ist, danke Gott schon jetzt. Sage zu ihm:

»Danke Gott, dass du mich heilen wirst. Danke, dass du mich von meinen Süchten befreien wirst. Danke, dass du, Gott, unsere Ehe wiederherstellen wirst. Danke, dass du Lösungen bereithast, für meine Firma, meine Fragen, meine Zukunft. Du schenkst mir Erfolg und du wirst auch meine Kinder zurück auf den richtigen Weg bringen – danke!«

Das Danken im Voraus hat eine unglaubliche Kraft.

Denn jedes Mal, wenn wir Gott für die Wunder danken, die er in unserer Zukunft noch tun wird, erinnern wir uns wieder an unsere Träume und an seine Zusagen.

Ich persönlich habe diese Art des Dankens vor ein paar Jahren – glücklicherweise vor den Herausforderungen, von denen ich zuvor erzählt habe – entdeckt. Und seither danke ich in meinen Gebeten Gott schon im Voraus für alles, was er noch tun wird. Ich habe Gott im Voraus dafür gedankt, dass er mich von meiner Blutkrankheit heilen würde. Ich dankte Gott im Voraus dafür, dass er uns als Kirche durch die Fragen und die Herausforderungen im Jahr 2015 führen würde. Ich dankte Gott im Voraus dafür, dass er die Finanzen unserer Kirche im Griff hatte und uns wieder Erfolg schenken würde – damals, als die Spendeneinnahmen über längere Zeit rückläufig waren.

Ich danke Gott im Voraus immer wieder für all die Wunder, die er noch tun wird. Ich danke im Voraus, dass ich noch erleben werde, wie alle Träume und Zusagen von ihm an mich und unsere Kirche eintreffen werden. Durch das Danken im Voraus erinnere ich mich wieder an die Träume und Zusagen und es fällt mir so viel leichter, daran festzuhalten.

An seine Träume erinnert hat sich auch ein 51-jähriger Mann, dessen Geschichte ich gelesen habe. Dieser Mann wuchs in schwierigen Verhältnissen auf. Sein Vater hatte ihn schon in jungen Jahren verlassen und seine Mutter war sehr selten zu Hause. So wuchs er arm und verwahrlost auf. Doch er hatte einen Traum: Er wollte unbedingt Schriftsteller werden. Leider konnte ihm in der Schule niemand richtig helfen, da er aufgrund seiner Umstände eine schwierige Persönlichkeit hatte. Mit 15 Jahren schmiss er die Schule und hatte weder richtig schreiben gelernt noch eine Ausbildung absolviert. Er lebte von Gelegenheitsjobs, begann zu trinken und hängte in seiner Freizeit mit seinen Trinkkumpanen ab. Eines Tages, nach 35 Jahren, kam ihm wie aus dem Nichts sein alter Traum in den Sinn. Diese alte Leidenschaft, einmal Schriftsteller zu werden, wurde plötzlich in ihm wach und klopfte an sein Herz. Er konnte nicht anders, als einfach aufzustehen und zu seinen Kollegen zu sagen: »Jetzt ist Schluss, das war mein letztes Bier.« Er ging fortan seine eigenen Wege und ließ sich nie mehr bei ihnen blicken.

Das war sein Wendepunkt. Mit 51 Jahren ging er wieder zur Schule, lernte anständig Lesen und Schreiben, machte ein Diplom und begann, Gedichte zu verfassen. Er war sehr talentiert und gewann diverse Preise. Heute, mit 75 Jahren, schreibt er immer noch und sagt: »Es ist nie zu spät, den Traum, der tief in uns verborgen ist, zu verwirklichen.«

Wofür schlägt dein Herz?

Was für Träume warten in dir darauf, entdeckt und verwirklicht zu werden? Wonach sehnst du dich? Was klopft an dein Herz und flüstert dir zu:

Thgusstavo Santana, Pexels

Es freut und ehrt unseren Gott, wenn wir unsere Träume nicht aufgeben, ihnen Glauben schenken und an ihnen festhalten. Dies sehen wir auch so schön bei Abraham:

> **Und er hieß ihn hinausgehen und sprach: Sieh gen Himmel und zähle die Sterne; kannst du sie zählen? Und sprach zu ihm: So zahlreich sollen deine Nachkommen sein! Abram glaubte dem HERRN, und das rechnete er ihm zur Gerechtigkeit.** *1. Mose 15,5–6 LUT*

»Abraham – schau hinauf zum Himmel!« Abraham blickte nach oben. Er sah die Sterne und glaubte der Zusage Gottes, dass seine Nachkommen so zahlreich sein würden wie die Sterne am Himmel. Obwohl er zu diesem Zeitpunkt nicht ein einziges Kind hatte und es ganz danach aussah, als würde sich dieser Zustand auch nicht mehr ändern, da Abraham und seine Frau beide alt waren. Doch Abraham glaubte der Zusage Gottes. Wegen dieses Glaubens erklärte Gott ihn für »gerecht«. Abraham wurde in den Augen Gottes nicht gerecht, weil er eine gewisse Leistung vollbrachte oder ein perfektes Leben führte, sondern weil er ein Träumer mit großem Glauben war. Er schenkte dem Traum Gottes Glauben. Dies sagt uns, dass auch wir träumen können und sollen. Beginne wieder, auf Gott zu schauen und entdecke all die Zusagen und Träume, die Gott für dein Leben bereithält. Dann beginne, diesen Träumen Glauben zu schenken – und dein Glaube wird das Herz Gottes berühren.

Leider verlieren viele Menschen ihre Träume. Sie beerdigen sie, sie geben sie auf, sie haben aufgehört zu glauben, dass Gott noch etwas Geniales mit ihnen bewegen kann und möchte. Sie haben ihrer Realität mehr Glauben geschenkt als den Zusagen Gottes, und dies betrübt das Herz unseres Vaters im

Himmel. Darum ermutige ich dich, werde ein Träumer. Finde heraus, was unser Gott für dich auf dem Herzen hat. Finde heraus, was er noch für Ideen und Träume für dein Leben bereithält. Schaue hinauf in den Himmel und beginne wieder, an die Zusagen Gottes zu glauben. Glaube daran, dass du deinen Lauf mit Gott zusammen erfolgreich vollenden wirst.

Glaube daran, dass diese Not in deinem Leben nicht deine Endstation ist. Glaube daran, dass neue Türen mit neuen Möglichkeiten für dich aufgehen. Glaube daran, dass deine besten Tage noch vor dir liegen. Glaube daran, dass deine Ehe noch einen neuen Schwung an Freude, Liebe und Leidenschaft bekommt. Glaube daran, dass deine Kinder zurück zu Gott kommen. Glaube daran, dass du mal eine Familie haben wirst. Glaube daran, dass du ein erfolgreiches Leben führen kannst.

Glaube daran, dass Gott dich noch mehr segnen möchte. Glaube daran. Träume davon. Verschreibe dein Herz den Träumen Gottes für dein Leben und du wirst sehen, wie Gott dir eine Tür nach der anderen öffnen und dich mit seinem Segen überraschen wird.

Darum sage ich euch: Wenn ihr betet und um etwas bittet, dann glaubt, dass ihr es empfangen habt, und die Bitte wird euch erfüllt werden, was immer es auch sei.

Markus 11,24

Ein gutes Ende wartet auf dich

Dann werde ich mein Versprechen erfüllen und euch heimführen; denn mein Plan mit euch steht fest: Ich will euer Glück und nicht euer Unglück. Ich habe im Sinn, euch eine Zukunft zu schenken, wie ihr sie erhofft. Das sage ich, der Herr.

Jeremia 29,10b–11 GNB

Gottes Plan mit uns steht fest. Gott kennt das Ende unserer Lebensgeschichte.

Es ist zu vergleichen mit einem Film. Ich persönlich liebe Filme. Wann immer ich einen Film zu Hause oder im Kino schaue, gehe ich begeistert mit. Ich bin mitten im Geschehen und je spannender der Film ist, umso mehr lasse ich mich mitreißen und leide ich mit. Ich erlebe jedes Mal ein Feuerwerk der Emotionen.

So war es auch, als ich den letzten Film der neuen ›Star Wars‹-Trilogie im Kino schaute. Gegen Ende des Filmes sah es überhaupt nicht mehr gut aus, und obwohl ich wusste, dass dies der letzte der Trilogie war und es ein gutes Ende nehmen muss, konnte ich mir im Moment echt nicht vorstellen, wie sie dies noch schaffen sollten und ich bewegte mich nervös auf dem Sitz hin und her. Doch dann sagte eine Stimme in mir: »Könu, das ist Star Wars, das ist der letzte Teil dieser Trilogie, es wird gut ausgehen. Es gibt ein Happy End.« Und so war es dann auch. In den letzten paar Minuten wendete sich das Blatt, die Bösen verloren und wie immer in solchen Filmen gewann das Gute.

Eigentlich wie in unserem Leben.

> Letztlich werden auch wir mit Gott zusammen unser Leben mit einem Happy End beenden.

Ich habe von einem Drehbuchautor gelesen, der jeweils zuerst das Ende des Films schreibt, wenn er ein neues Drehbuch verfasst. Er überlegt sich, wie der Film enden wird, und dann schreibt er ihn quasi rückwärts vom Ende bis zum Anfang. Für einen spannenden Film braucht es Drama, Herausforderungen, Momente, in denen der Zuschauer denkt: »Jetzt ist es vorbei!«, Überraschungen, Emotionen, Kämpfe und Siege. Doch egal, was der Zuschauer alles durchmacht, am Schluss des Films endet die Geschichte so, wie es der Autor von Anfang an geplant hat.

Genauso ist es in unserem Leben mit Gott. Gott hat dein Ende schon geplant. Er hat deine Schlussszene bereits vor Augen. Und egal, was wir alles erleben – unser Leben endet nicht in einer Niederlage, im Scheitern oder mit einem schmerzenden Herzen. Du wirst dein Leben siegreich beenden, als Überwinder und Sieger wirst du ins Ziel einlaufen und du wirst mit Gott zusammen deine Bestimmung zu hundert Prozent erfüllen. Warum? Weil Gott dein Ende schon geplant hat und nichts auf dieser Welt – weder dein Versagen, deine Fehler noch deine Umwege – ihn davon abbringen wird, dich an dein geplantes Ende zu bringen.

Wenn wir diese Wahrheit verstehen, können wir gar nicht mehr niedergeschlagen, negativ, traurig, mutlos und frustriert leben, wenn Dinge nicht so laufen, wie wir uns vorstellen. Egal, was gegen uns zu sein scheint, egal, was alles schiefläuft, egal, was für Herausforderungen oder Schicksalsschläge versuchen, uns aus der Bahn zu werfen – wir bleiben standhaft. Wir bleiben bei Gott, wir bleiben unterwegs, wir behalten die Freude, den Frieden und die Ruhe. Warum? Weil wir wissen, dass wir unser Leben zusammen mit Gott erfolgreich beenden werden – so, wie Gott es schon lange im Voraus geplant hat.

Der Schlüssel, damit du dein Happy End erleben wirst, ist: Bleibe bei Gott!

Egal, was dich in deinem Leben überrascht, welche unerfüllten Gebete du mit dir herumträgst, womit du in deinem Alltag kämpfst, was du für Ungerechtigkeiten erlebst, trotz Herausforderungen in der Ehe, am Arbeitsplatz usw. – bleibe bei Gott!

Gib nicht auf wegen einer Trennung, einer Krankheit, einem Verlust oder einer Not. All dieses Negative ist nicht das Ende. Solange wir atmen, läuft unser Film noch. Das Happy End wird kommen. Vielleicht befindest du dich in einer schwierigen

Szene in deinem Film, ein Rückschlag in deiner Gesundheit, in deinen Finanzen, mit Menschen, die dir am Herzen liegen, aber du darfst wissen: Gott hat alles in seiner Hand! Darum bleibe unterwegs, der Segen wird kommen. Neue Türen werden sich öffnen, neue Freundschaften, neue Möglichkeiten, Wiederherstellung und Heilung warten auf dich.

Gott hat dein Ende geplant, schon geschrieben und vorbereitet, und glaub mir, es wird ein Happy End sein!

Das sehen wir ja auch in der Geschichte von Josef. Wie schon beschrieben, war Josef der Lieblingssohn seines Vaters und hatte elf Brüder. Noch als junger Mann hatte er einen Traum, in dem er sah, wie sich seine Brüder und auch sein Vater eines Tages vor ihm verneigen würden. Dies war für seine Brüder zu viel des Guten und so nahm das Leben von Josef einen total unerwarteten Lauf. Statt dass er Chef wurde und sich seine Brüder vor ihm verneigten, wurde er kurzerhand von ihnen gefangengenommen und als Sklave ins Ausland verkauft. Doch mit Gott an seiner Seite wurde er zum ›Supersklaven‹.

Der nächste Rückschlag ließ jedoch nicht lange auf sich warten. Statt als Sklave weiter aufzusteigen, wurde er von der Frau seines Besitzers zu Unrecht angeklagt und landete im Gefängnis. Doch trotz dieser fürchterlichen Umstände gab Josef weiterhin sein Bestes und ließ im Vertrauen auf Gott nicht nach. Er ließ sich die Freude an Gott nicht nehmen und bekam gewisse Privilegien vom Gefängnisverwalter. Eines Tages konnte er die Träume anderer Insassen deuten und es wurde ihm versprochen, dass man an ihn denken würde, falls man wieder frei käme. Einer bekam tatsächlich die Freiheit geschenkt, doch statt an Josef zu denken, vergass er ihn. Eine weitere Niederlage in seinem Leben. Statt sich seinem Traum zu nähern, war er in einem Gefängnis. Weit weg von zu Hause, vergessen und verlassen.

Doch Gott hatte ihn nicht vergessen und arrangierte alles so, dass Josef doch noch in die Freiheit entlassen und direkt an den Hof des damaligen Königs geführt wurde. Dank göttlicher Hilfe konnte er die Träume des Pharaos deuten und wurde – direkt aus dem Gefängnis kommend – die rechte Hand des Königs. Eines Tages brach eine große Hungersnot aus und seine Brüder, die ihn längst vergessen hatten, baten Josef um

Korn – ohne zu wissen, dass er es war. Dazu verneigten sie sich vor ihrem Bruder.

Josef erreichte sein Ziel. Josef erlebte, wie sein Traum wahr wurde, auch wenn es auf dem Weg dorthin viele Niederlagen gab. So werden auch wir unser Ziel mit Gott zusammen erreichen. **Auch wenn es im Moment so aussieht, als wären wir weit davon entfernt, denk daran: Für Gott ist es leicht, dir im richtigen Moment eine Tür zu öffnen und dich an den Ort deiner Bestimmung zu bringen.**

Gott wusste von Anfang an, auf welches Ziel Josef zusteuerte. Er setzte Josefs Happy End von Anfang an fest. Doch auf dem Weg zum Ziel ging es nicht gerade nach oben, sondern der Weg war, wie wir gelesen haben, mit vielen Niederlagen und Herausforderungen gepflastert. So ist es auch bei uns. Niemand steuert geradewegs aufs Ziel zu. Doch Gott hat auch dein Ende festgeschrieben. Gott wird es zur Erfüllung bringen, so wie er es von Anfang an geplant hat. Wenn wir ihm in all unseren Situationen vertrauen, werden auch wir erleben, wie Gott zum Ziel mit uns kommen wird. Im Moment des Happy Ends von Josef lesen wir Folgendes:

> **Der Pharao fand den Vorschlag gut, und alle seine Berater ebenso. Er sagte zu den Beratern: »In diesem Mann ist der Geist Gottes. So einen finden wir nicht noch einmal.« Zu Josef sagte er: »Gott hat dir dies alles enthüllt. Daran erkenne ich, dass keiner so klug und einsichtig ist wie du. Du sollst mein Stellvertreter sein und mein ganzes Volk soll deinen Anordnungen gehorchen. Nur die Königswürde will ich dir voraushaben. Ich gebe dir die Vollmacht über ganz Ägypten.«** *1. Mose 41,37–41* GNB

Nick Bondarev, Pexels

Gott hat Josef seinen Geist gegeben. Warum? Ich denke, weil Josef es geschafft hat, trotz all seiner Niederlagen, Fragen und hoffnungslos erscheinenden Situationen Gott nicht aufzugeben. Josef hielt an Gott fest. Er wusste, dass er trotz Dunkelheit, trotz Krise, trotz Fragen nicht alleine war.

Gott war da. Gott war auf seiner Seite.

Zudem arbeitete Gott im Hintergrund daran, das Ziel mit Josef auch wirklich zu erreichen und seinen Traum, den er ihm gab, auch wahr werden zu lassen. So dürfen auch wir sicher sein: Wenn wir an Gott festhalten, hilft uns sein Geist, und wir sind niemals allein. Gott ist mit uns und er begleitet auch uns durch all unsere Krisen, Fragen und Nöte und kann schlussendlich alles gebrauchen, um uns an unser Ziel, zu unserem Happy End zu führen.

Weiter lesen wir im Bibeltext, wie der Pharao erkannte, dass die Prophezeiungen Josefs von Gott eingegeben waren. Gott hatte Josef in der entscheidenden Situation alles gegeben, was er brauchte, damit er sein Ziel auch wirklich erreichen konnte. Das gilt auch für uns. Gott wird uns Türen öffnen. Gott wird uns ans Ziel bringen. Gott wird alles daransetzen, das wahr werden zu lassen, was er uns versprochen hat. Auch wenn wir in unseren Augen einen Umweg gehen, ist es für unseren Gott ein Weg, den er mit uns gehen muss, um uns in unserem Leben zum Happy End zu bringen. Darum dürfen wir vertrauen und locker bleiben, weil wir wissen: Auch wenn es für uns nicht gut aussieht, Gott arbeitet im Hintergrund daran, uns ans Ziel zu bringen. Gott wird uns zur richtigen Zeit Menschen über den Weg schicken und uns mit seinen Möglichkeiten überraschen. Wie bei Josef wartet auch auf uns ein gutes und geplantes Ende. Ein Happy End.

Auch wenn es in deinem Leben Situationen gibt, die du nicht verstehen kannst, die für dich Umwege sind oder wo du scheinbar stehen geblieben bist: Nichts auf dieser Welt kann dich davon abhalten, dein Happy End zu erleben. Es gibt nur eine Person, die das kann, und das bist du selbst! Nämlich dann, wenn wir bitter werden, weil es nicht so läuft, wie wir uns vorgestellt haben, weil ein Schicksalsschlag uns überrascht oder uns schmerzhafte Dinge widerfahren. Oder wenn wir den Glauben verlieren, Gott aufgeben, die Hoffnung loslassen oder versuchen, unser Leben selbst in die Hand zu nehmen, ohne Gott. Wenn wir unsere Freude verlieren, uns nur noch auf das Negative fokussieren, keine Dankbarkeit mehr verspüren und nur noch niedergeschlagen durchs Leben gehen, verpassen wir das geplante, gute Ende unseres Vaters im Himmel. Darum möchte ich dich gerade jetzt ermutigen: Gib dem Negativen, der Bitterkeit und der Hoffnungslosigkeit keinen Raum mehr in deinem Leben. Auch wenn du dich hintergangen fühlst, verraten wurdest, dich in einem seelischen Gefängnis befindest, hat Gott dich nicht vergessen und wird er dich genauso wie Josef weiterführen, an das Ziel deines Lebens, welches er schon von Anfang an gesetzt hat.

Statt aufzugeben, sage zu Gott: »**Vater, ich verstehe die Situation überhaupt nicht, aber ich will dir weiterhin vertrauen. Ich glaube aus vollem Herzen daran, dass schlussendlich alles zu meinem Besten dienen wird, so wie du es mir in der Bibel versprochen hast. Ich glaube daran, dass du einen guten Plan für mein Leben hast. Ich glaube daran, dass du mein gutes Ende schon festgeschrieben hast und ich alles erleben und erfüllen werde, wozu du mich geschaffen hast.**«

Segen wird kommen, neue Türen werden
sich öffnen, neue Menschen werden in
dein Leben kommen, neue Gelegenheiten
werden sich dir eröffnen und Gesundheit
ist auf dem Weg zu dir.

Gerade wenn es in unserem Leben stürmt und wir weit weg von unserem Ziel zu sein scheinen, dürfen wir immer wieder zu uns selbst sagen:

Josef hätte im Gefängnis aufgeben können, und wir hätten ihn verstanden. Doch er blieb bei Gott, er hielt an Gott fest und gab weder der Niedergeschlagenheit noch der Hoffnungslosigkeit Raum in seinem Herzen. Auch wenn es um deine Finanzen schlecht steht, dein Geschäft den Bach hinuntergeht, deine

Ehe nicht gut läuft und es in deinem Leben insgesamt alles andere als gut aussieht, denk daran, dein Film ist noch nicht fertig gedreht, die nächste Szene wird kommen!

Segen wird kommen, neue Türen werden sich öffnen, neue Menschen werden in dein Leben kommen, neue Gelegenheiten werden sich dir eröffnen und Gesundheit ist auf dem Weg zu dir.

Gott hat versprochen, dass er auf dein Glück und nicht dein Unglück aus ist.

Die folgende Geschichte eines Jungen, der von seiner Mutter verlassen wurde, bestätigt uns diese Worte. Seine Mutter hatte ihn, als er elf Jahre alt war, auf einer Bank im Park abgesetzt und zu ihm gesagt: »Warte hier, ich komme bald wieder.« Und er hat gewartet. Einen Tag, zwei Tage und am dritten Tag saß er immer noch auf dieser Bank und wartete auf sie. Verwirrt, hungrig und ängstlich saß er dort. Doch Gott hatte ihn nicht vergessen. Ein Mann kam vorbei und bot ihm ein Bett und ein Dach über dem Kopf an. Um es kurz zu machen: Dieser Mann adoptiere den Jungen später und zog ihn auf wie seinen eigenen Sohn. Von der Mutter hatte man nichts mehr gehört.

Dieser 11-jährige Junge wurde größer und verspürte nach und nach die Leidenschaft, Kinder in ähnlichen Situationen zu helfen. Er begann, bei der Sonntagsschularbeit seiner Kirche mitzumachen. Er organisierte einen Bus, um arme Kinder für diese Sonntagsschularbeit abzuholen. Aus einem Bus wurden zwei, drei und viele mehr. Heute leitet dieser Mann eine Bewegung, mit der er über 150.000 Kindern hilft, ihnen Unterstützung gibt und die Liebe Gottes aufzeigt. Dieser Mann hätte viele gute Gründe gehabt, aufzugeben. Doch Gott rettete ihn von dieser Parkbank und statt bitter zu werden und sein Leben wegzuwerfen, gebrauchte der Mann es, um ein Segen für andere zu werden.

Diese Geschichte und die von Josef zeigen uns, dass am Ende immer wir entscheiden, ob wir aufgeben oder am Vertrauen auf Gott festhalten. Gott lässt uns nie los, und wenn unsere Situation noch nicht gut ist, dann ist es noch nicht das Ende.

Gott wird uns weiterführen, wenn wir es schaffen, dem Leben und denjenigen, die uns geschadet haben, zu vergeben, und wieder vorwärtsgehen.

Vergib deinen Eltern, vergib deinem Chef, vergib deinem Partner, vergib dem, was gegen dich war – vergib und schaue wieder auf Gott. Er wird dir die Kraft dafür geben.

Eine Szene aus einem Film, den ich vor vielen Jahren gesehen habe, hat mir sehr geholfen, mich immer wieder dazu zu entscheiden, zu vergeben und nach vorn zu schauen. In diesem Film verliert der Vater seine junge Tochter durch einen Autounfall. Du spürst den Schmerz, das Leid und all die Fragen, die der Mann durchlebt. Unbeschreiblich. Ich saß da und fragte mich: »Wie kann dieser Vater bloß dieses Leid überwinden?« In einer Szene, die für mich entscheidend war, ging der Vater zu seinem Pastor und ich dachte nur so: »Jetzt bin ich richtig gespannt, welchen Ratschlag dieser Pastor dem Vater geben wird.« Was dieser Prediger zu ihm sagte, beeindruckte mich zutiefst. Der Prediger zeigte tiefes Verständnis, ermutigte ihn, sich Zeit zum Trauern zu nehmen, und ging sehr barmherzig und mitfühlend auf den Vater ein. Doch dann, nach einer Zeit der Stille, sagte er zum Vater:

»Es wird auch die Zeit kommen, in der du dich als Vater entscheiden musst, ob du weiterhin um das trauern willst, was du nicht mehr mit deiner Tochter haben wirst, oder ob du dich freuen willst über das, was du mit deiner Tochter erleben durftest.«

Ich schreibe dies mit tiefem Respekt gegenüber Menschen, die solch schwere Verluste erleben. Ich weiß, kein Verlust ist einfach so hinzunehmen, wir alle brauchen eine Zeit der Trauer und das Leben wird nie mehr so sein, wie es vorher mal war.

Doch durch diese Szene wurde mir so deutlich bewusst, dass wir eine Entscheidung treffen. Irgendwann einmal müssen wir nach jedem Verlust, jeder Niederlage, jeder Verletzung und jeder unbeantworteten Frage die Entscheidung treffen, ob wir weiterhin um das trauern wollen, was wir nicht mehr haben – die Beziehung, die kaputtging, den Menschen, der zu früh gestorben ist, oder die Gelegenheit, die wir verpasst haben – oder ob wir uns nach einer Zeit der Trauer wieder aufraffen, auf Gott schauen und uns wieder an dem freuen wollen, was wir haben. Auf diese Weise können wir auch wieder neuen Segen, neue Möglichkeiten und neue Ideen empfangen.

Es geht um die Entscheidung, die wir fällen:

> Geben wir dem Leid oder Gott
>
> und damit der Hoffnung Raum
>
> in unserem Leben?

Darum, wenn es noch nicht gut ist in deinem Leben, denk daran, dann ist es noch nicht das Ende. Dies sehen wir auch bei Hiob: Hiob erlebte, wie sein Glaube vom Teufel auf die Probe gestellt wurde. Viele Dinge in dieser Zeit machten absolut keinen Sinn. Quasi über Nacht verlor er fast alles, was ihm lieb war. Er befand sich in einer sehr dunklen Zeit. Sogar seine Frau riet ihm, er solle doch einfach seinen Gott verfluchen und sterben. Nicht gerade eine ermutigende Frau, die er da an seiner Seite hatte … Gerade in der schwierigsten Zeit der Prüfung, als alles hoffnungslos aussah, hätten viele Menschen aufgegeben – doch Hiob nicht. Er schaute stattdessen in den Himmel hinauf und sagte:

»Ich weiß, dass mein Erlöser lebt!«

Er sagte damit:

»Ich weiß, dass mein Gott immer noch auf dem Thron sitzt und mein Leben in seiner Hand hält. Mein Gott will das Beste für mich und hat mein siegreiches Ende schon vorbereitet. Er wird das letzte Wort haben, nicht meine Umstände, meine Krankheit oder meine Not – und dieses Wort wird gut sein.«

Dies kann auch zu unserer Haltung werden. Wenn Herausforderungen kommen, Versuchungen unser Leben einnehmen, Nöte immer größer werden oder wir von einer Krankheit überrascht werden, können wir dennoch eine positive Haltung bewahren, weil wir wissen, Gott hat das letzte Wort. Wir beten Gott weiterhin an, auch wenn alles um uns herum zusammenbricht. Wir gehen weiterhin in die Kirche, auch wenn wir uns mit Herausforderungen herumschlagen. Wir bleiben weiterhin großzügig, auch wenn wir mit materiellen Nöten zu kämpfen haben. Wir bleiben weiterhin dankbar, auch wenn die Phase, in der wir uns befinden, überhaupt keinen Sinn ergibt. Gott wird all dies gebrauchen, um dich in ein neues Level deines Lebens zu führen – darum bleib dran und gib Gott nicht auf.

Klar, auch Hiob hatte, gelinde gesagt, eine gewisse Zeit lang kein einfaches Leben. Er verlor alles, hatte große Schmerzen und durchlebte unfassbares Leid. Doch Hiob blieb nicht dort stehen – und auch wir werden nicht bei unserem Verlust stehen bleiben. Ein ›Danach‹ wird kommen. Gott heilte Hiob und gab ihm doppelt so viel zurück, wie er vorher besessen hatte. Gott segnete Hiob während seiner Zeit nach dem Test noch mehr als zuvor. Das ›Danach‹ war siegreicher, gesegneter und besser als die Zeit vor dem Test. Und genau so wird es auch bei uns sein. Wenn wir an Gott festhalten trotz Nöten und Leid, wird Gott uns mehr Segen geben als zuvor. Wenn wir nicht bitter werden und Gott nicht aufgeben, wird auch unser ›Danach‹ kommen. Eine Zeit, in der Gott uns zwei-, zehn- oder hundertfach zurückgeben wird, was uns genommen wurde. Nichts und niemand kann dich aus den Händen Gottes reißen. Dein ›Danach‹ wird kommen. Dein geplantes Ende ist festgesetzt, dein Happy End wird kommen.

Gott hat dein Leben in seiner Hand, und auch wenn es so aussieht, als ginge es nur abwärts wie bei Josef oder dem Jungen, der auf der Bank im Park allein gelassen wurde und drei Tage auf seine Mutter wartete, dem Vater, der seine Tochter verlor, oder Hiob, dem alles genommen wurde, denk daran: **Unser Gott, nicht unsere Umstände haben das letzte Wort. Und es wird ein gutes sein. Gott hat unser gutes Ende geplant.**

Segen wird kommen.

Dein ›Danach‹ wartet auf dich. Ein Happy End kommt auch in dein Leben!

> **Der Herr segnete Hiob während der nun folgenden Zeit seines Lebens noch mehr als vorher. Hiob besaß schließlich 14000 Schafe und Ziegen, 6000 Kamele, 2000 Rinder und 1000 Esel. Er bekam noch sieben Söhne und drei Töchter. Die älteste Tochter nannte er Täubchen, die zweite Zimtblüte und die jüngste Schminktöpfchen. Im ganzen Land gab es keine schöneren Frauen als die Töchter Hiobs. Ihr Vater bedachte sie in seinem Testament genau wie ihre Brüder und vermachte jeder einen Anteil seines Landbesitzes. Hiob lebte nach seiner Erprobung noch 140 Jahre, sodass er noch seine Enkel und Urenkel sah. Er starb in hohem Alter, gesättigt von einem langen und erfüllten Leben.**
> *Hiob 42,12–17* GNB

Bleib ein Träumer

Wir haben in diesem Buch viele Geschichten, viele Ermutigungen und Lebenssituationen angeschaut. Josef, aber auch Abraham waren uns stetige Begleiter und wir durften anhand ihres Lebens lernen, dass wir erleben werden, wie Gott zum Ziel in unserem Leben kommt, wenn wir an unseren Träumen festhalten. Wenn ich auf mein Leben zurückschaue, sehe ich einen roten Faden, einen Plan und Gottes stetige Führung.

So wirst auch du eines Tages auf dein Leben zurückschauen und dabei Wunder entdecken. Du wirst die Handschrift Gottes erkennen, und das wird in dir wieder neuen Glauben für noch mehr Wunder und Gottes Segen wecken. Der Titel dieses Buches lautet ›Segen wird kommen‹ und ich bin von Folgendem fest überzeugt:

Wenn wir unser Leben mit Gott leben, ihn immer wieder suchen und an seinen Zusagen festhalten, unsere Träume nicht loslassen, uns aber auch neue Träume schenken lassen und uns immer wieder für Gottes Ideen öffnen, werden wir immer wieder erleben, wie neuer Segen in unser Leben kommt.

Ich wünsche dir, dass du gerade in deiner jetzigen Situation wieder neuen Glauben und Mut für deine Träume findest, mit Gott unterwegs zu bleiben, und dass auch du erleben darfst, wie deine besten Tage noch vor dir liegen.

Egal, wo du heute in deinem Leben stehst, was du für Fragen hast, wie groß dein Schmerz auch sein mag, Gott ist da. Gerade jetzt ist er da, er ist an deiner Seite und ruft dir zu:

»Ich habe dich nicht vergessen, ich bin da. Ich habe noch so viel Gutes für dich bereit. Erwarte wieder Wunder. Träume wieder. Glaube wieder, und auch du wirst erleben, wie ich eine Tür nach der anderen für dich, deine Familie, deine Umstände, deine Kirche, dein Umfeld öffnen werde.«

> Bleib ein Träumer. Hör nie auf zu träumen – von deiner Zukunft, von deinen Erfolgen, davon, wie Gott dich gebrauchen könnte und was Gott noch alles mit dir und durch dich tun möchte.

Ich wünsche dir von ganzem Herzen, dass auch du erleben kannst, wie Gott dich weiterführen wird und auch du den roten Faden in deinem Leben immer wieder sehen kannst.

Ich wünsche dir neue Träume.

Ich wünsche dir, dass auch du den nächsten Segen in deinem Leben sehen, ergreifen und erleben kannst. Gott ist da. Gott ist begeistert von dir. Gott hat noch so viel Gutes für dich bereit.

Danke, dass du dieses Buch zu Ende gelesen hast. Möge es zu einem Segen für dich, dein Leben und dein Umfeld werden. Vergiss nicht:

Segen wird kommen, Gottes Regen wird dein trockenes Land begrünen, Gottes Träume für dein Leben werden sich erfüllen und du wirst dein Ziel mit Gott zusammen erreichen.

Mirsad Mujanovic, Pexels

Ich, ………………………………, entscheide mich für ein Leben mit Gott:

»Lieber Gott, ich erkenne, dass ich dich brauche und mein Leben nicht alleine meistern kann. Ich bin ein Mensch mit Fehlern und brauche deine Gnade und Vergebung. Ich gebe dir all meine Verletzungen, meine Fehler, meine Süchte und Ängste hin. Danke, dass du mir vergibst. Jesus, ich vertraue dir mein Leben an. Danke, dass du ab jetzt Teil meines Lebens bist und mir immer mehr zeigst, was du alles für mich bereithältst und was du über mich und mein Leben denkst. Danke, dass du mir hilfst, dir bis ans Ende meines Lebens nachzufolgen.

Amen!«

Einfach Jesus

Konrad Blaser, 2019, ISBN 978-3-95933-126-5

Wenn wir uns von unseren Fragen, unseren Zweifeln und unserer Hoffnungslosigkeit lösen und einfach nur Jesus suchen, werden wir neue Hoffnung finden. Wir werden Gott sehen, wir werden den Sinn und Zweck unseres Lebens erkennen. Unser Dasein gewinnt an Fülle. Heilung kann kommen und Gottes Kraft wird durch unser Leben sichtbar.

Einfach Jesus. Nicht mehr und nicht weniger.

Wann immer wir es schaffen, uns auf Jesus zu fokussieren, ihn zu suchen und zu erkennen, werden wir auch alles andere finden. Wir werden uns finden. Wir werden das Leben finden. Wir werden Antworten finden. Einfach Jesus. Mehr brauchen wir nicht.

Blogbook

Blogbook (Woche 1–26), Konrad Blaser, 2020, ISBN 978-3-95933-170-8
Blogbook, Part 2 (Woche 27–52), Konrad Blaser, 2021, ISBN 978-3-95933-172-2

Die beiden Blogbooks von Konrad Blaser sind voller Inspiration für den Alltag. Über je ein halbes Jahr lang kannst du Woche für Woche, Montag bis Freitag lebensbejahende und hoffnungsvolle Gedanken lesen.

Sie helfen dir, deinen Fokus täglich neu auf Gott zu richten, die Grenzen deines Denkens zu sprengen, mutige Gebete zu beten, Gottes Größe anzuerkennen, mit ihm verbunden zu bleiben und alles von ihm zu erwarten. Entdecke neue Träume für dein Leben, lass dich mit Liebe und Mut erfüllen und erlebe, dass du Gott jeden Tag neu vertrauen kannst.

Alle Bücher von Konrad Blaser: www.konrad-blaser.com/books

Konrad Blaser ist Pastor und leitet zusammen mit seiner Frau Andrea die HOPE & LIFE CHURCH. Gemeinsam haben sie zwei Kinder.

Seit mehr als 20 Jahren bauen Konrad und Andrea leidenschaftlich Kirche. Ihr Traum war und ist es bis heute, eine Kirche zu bauen, die am Puls der Zeit ist, die einen Unterschied in der Gesellschaft macht und die lebendig und relevant ist. Konrad Blaser ist ein leidenschaftlicher Prediger und gibt dabei die Botschaft von Gottes Gnade und Hoffnung auf einfache, nahbare Weise weiter. Mit seiner visionären Art sieht er immer wieder neue Möglichkeiten in Menschen und Situationen und ist begeistert von einem Gott, dem nichts unmöglich ist.

Mehr Erfrischendes von Konrad Blaser wie Videos, Blogs und Bibel-Lesepläne findest du auf www.konrad-blaser.com